Was'n in Bremen so ißt

Hermann Gutmann
Volker Ernsting

Was'n in Bremen so ißt

Johann Heinrich Döll Verlag

© 1982, Johann Heinrich Döll, Verlag, Bremen
Alle Rechte vorbehalten
Satz u. Druck Oltmanns + Buerfeind, Achim
ISBN 3-88808-003-7

Inhalt

Vom feinen Geschmack der Bremer und
ihrer notwendigen Liebe zum Deftigen … 7

Kohl und Pinkel – oder: Warum den Bremern
angesichts ihrer Flagge das
Wasser im Munde zusammenläuft … 12

Vom Kükenragout und der Häuslichkeit
der Bremer … 22

Wie es dazu kam, daß der Gastwirt
Mehlgarten aus Berlin die besten
Pluckte Finken kochte … 27

Bremer essen nicht nur freitags Fisch – oder:
Wie es in Bremen wegen eines Hechtes
zur Vertreibung des Adels kam … 33

Der geizige Koch schummelt beim Labskaus
mit Roter Bete … 54

Curry – oder: Die Sache mit dem
Feuerschlucker … 57

Vom Krüselbraten – oder: Als das elektrische
Licht noch erst erfunden werden mußte … 60

Knipp – ein Essen von den Resten,
die beim Schweineschlachten anfallen … 61

Was Frau Saupe dazu veranlaßt, Rote Grütze
als bremische Spezialität zu betrachten … 64

Von der alle Gesetze der Schicklichkeit
mißachtenden Liebe der
Bremer zu Brat, Bock und Rost … 67

Warum sich das Bremer Frühstück
als Grundlage für den ganzen Tag eignet
und Monsieur Voltaire seinem Geschmack
ein schlechtes Zeugnis ausstellte … 69

Heißwecken erinnern daran, daß die Bremer
vor Zeiten ausgelassene Karnevalisten waren … 72

Der Butterkuchen – ein treuer Begleiter
der Bremer durch alle Höhen und Tiefen
ihres Lebens … 74

Vom Geschmacksideal der Bremer und der
merkwürdigen Verbindung des Klabens
mit der Mettwurst … 76

Bremer Babbeler – oder: Warum ältere Leute
manchmal zu husten anfangen … 77

Wo der Plural zum Singular wird und:
Was'n in Bremen so trinkt … 80

Vom feinen Geschmack der Bremer und ihrer notwendigen Liebe zum Deftigen

„Freeters ward nich boren, de ward uptrocken", sagte meine Großmutter. Sie stammte aus dem Holsteinischen und hatte einen Bremer geheiratet, der ihr – wie sie behauptete – die entsprechende Lebenserfahrung in einer über weite Strecken nahrhaften und bis zum Schluß glücklichen Ehe vermittelt hatte.

Fresser (wenn dieser Ausdruck hier einmal aus Übersetzungsgründen benutzt werden darf) werden nicht geboren, sie werden aufgezogen, sie werden sozusagen zum Vielessen erzogen. Jeder weiß, zumindest in unserer Familie, daß meine Großmutter infolge ihres holsteinischen Magens durchaus geneigt und in der Lage war, ebenfalls gern gut und viel zu essen. Einmal im Jahr allerdings erfaßte sie grenzenloses Erstaunen über das Fassungsvermögen bremischer Mägen und brachte sie auf den Gedanken, daß eine solche Gefräßigkeit nicht naturgegeben sein könne. Das war während der Kohl-und-Pinkel-Zeit.

Es konnte allerdings nie ganz geklärt werden, ob ihre kritischen Überlegungen und Äußerungen einzig und allein bestimmt wurden von der Fähigkeit des bremischen Volksstammes, beim Kohl-Konsum Unübertreffliches zu leisten, oder ob sie nicht insgeheim auch beeinflußt wurden von der unüberwindlichen Abneigung meiner Großmutter gegen die bremische Art, den Kohl zuzubereiten. Im Holsteinischen wird ja tüchtig Zucker auf Kohl und Röstkartoffeln gestreut – von der zumindest akustisch anrüchigen Existenz des Pinkels ganz zu schweigen. Daran hat sie sich nie gewöhnen können.

Es soll hier aber auch nicht weiter untersucht werden, ob Bremer grundsätzlich mit einem besonders ausgeprägten Appetit auf die Welt kommen oder ob sich die Aufnahmefähigkeit ihres Magens erst durch fleißiges Üben ins schier Grenzenlose entwickelt. Wir stellen fest, daß ein altes Wort besagt, der Bremer esse „een beeten good un een beeten veel". Und dabei wollen wir es belassen.

Ein bißchen gut und ein bißchen viel – wer das verstehen will, der muß sich vernünftigerweise in der Geschichte der alten Hansestadt und ihrer Bewohner umsehen. Denn so, wie sich Essen und Trinken aus den Gegebenheiten einer Landschaft heraus erklären lassen, so prägen sie auch den Menschen. Was einer ißt, das ist er.

Es wäre unhöflich, jetzt mit dem Kohl zu beginnen, der über Jahrhunderte den Speisezettel bremischer Haushalte beherrscht hat. Nichts gegen Kohl. Doch es entspricht der feinen Lebensart der Bremer (und natürlich ihrer guten Verbindung zum Wasser hin), daß sie zuallererst und vorzugsweise Fisch gegessen haben. Fisch und Krustentiere.

Es liegen darüber auch Zeugnisse vor, von Herren, die über jeden Zweifel erhaben sind. Der jüngere Plinius, der von 61 bis 113 n. Chr. lebte und ein im alten Rom sehr gefeierter Schriftsteller war, spricht in einem Bericht von Fischen, Muscheln und Granat, die man hierzulande am Torffeuer zubereitet habe. Und auch Tacitus, der mit Plinius in enger Verbindung stand, bezeichnet Fische aller Art als eine der Hauptspeisen der Chauken, die zu jener Zeit hier ansässig waren. Es scheint aber, daß er abwechslungsreicher bewirtet worden ist als sein Freund Plinius. Er verrät seinen Lesern, daß er auch Wild, Rind- und Pferdefleisch in den Kochtöpfen der um Bremen herum lebenden Germanen gefunden habe und natürlich Haferbrei, der auf keinem Eßtisch fehlen durfte.

Werner Kloos, der frühere Direktor des Bremer Fokke-Museums, hat in seinem Almanach „Gut Bremisch Essen und Trinken" die Gerstengrütze erwähnt, die in einem Gefäß aus der frühen Steinzeit gefunden worden sei und „offensichtlich mit grünen

Ähren und Fleisch zu einem nahrhaften Eintopf zusammengekocht" wurde. Daraus darf ohne weiteres abgeleitet werden, daß die Vorliebe der Bremer für einen deftigen Eintopf auf dem festen Fundament einer Jahrtausende alten Entwicklung ruht. Nicht von ungefähr! Deftiges war nötig, um den Widrigkeiten des Wetters trotzen zu können. Denn Regen, Wind und Hagelschlag sind ja nicht etwa eine Erfindung unserer vielgeschmähten Zeit. Die hat es immer gegeben, und sie haben den Menschen in ihren zugigen und gegen Kälte schlecht isolierten Häusern vergangener Epochen weitaus mehr zu schaffen gemacht als uns, die wir schon bei einem einfachen Regenschauer das Gesicht verziehen.

Es muß aber ausdrücklich darauf hingewiesen werden, daß die Bremer keineswegs nur Kohl- und Eintopf-Esser gewesen sind, wie ja von böswilligen Zungen gern behauptet wird. Nur: Bescheidenheit verbot es ihnen, täglich zu prassen. An festlichen Tagen aber entfalteten bremische Köche eine blühende Phantasie.

Es liegt uns ein Augenzeugenbericht vor über ein Essen, das im Jahre 1360 von Herzog Albert von Braunschweig gegeben wurde anläßlich seines Einzuges in Bremen als Erzbischof. Danach war die Tafel festlich dekoriert mit silbernen und goldenen Lachsen und anderen Gerichten, mit wehrhaften Burgen, um die lebende Fische schwammen und aus denen ebenfalls lebende Vögel herausflogen.

„Auch gab es", so schreibt Hanns Meyer in seinem Buch „Gastliches Bremen", „gewaffnete Menschenbilder zu verspeisen und sonst noch so viel, daß es der Chronist nicht zu beschreiben weiß."

Den am Essen teilnehmenden Herren wurden dreifache Gerichte in zwanzig Gängen, also sechzig Gerichte, vorgesetzt. Die Knappen erhielten zweifältige Gerichte in zwanzig Gängen und die Knechte einfache Gerichte in zwanzig Gängen.

Festliche Schmausereien fanden aber nicht nur statt, wenn hoher Besuch in der Stadt weilte. Es gab mehrere Brüderschaften, so zum Beispiel die des Jacobus major, die sich mindestens einmal im Jahr zu ausgedehntem Essen und Trinken zusammenfanden, wobei sich die Bremer namentlich beim Trinken durch eine von vielen Fremden mit allergrößtem Respekt vermerkte Trinkfestigkeit auszeichneten.

Über lange Zeit hinweg galt die sogenannte Quappenmahlzeit der Fischerzunft als eine in Bremen vielbeachtete Merkwürdigkeit, weil sie, wie Adam Storck in seinen im Jahre 1822 erschienenen „Ansichten der Freien Hansestadt Bremen" berichtet, „manches Eigenthümliche und Seltsame" hatte.

Von allen Brudermahlen aber hat nur eines die Zeiten überdauert: die berühmte Schaffermahlzeit von 1545. Es ist eine Seefahrtsmahlzeit, ein Abschiedsessen für die Kapitäne gegen Ende des Winters, bei der als Hauptgang bis weit ins vorige Jahrhundert hinein vorzugsweise Stockfisch gereicht wurde. Sie hieß daher Stockfischmahlzeit.

Auch heute fehlt der Stockfisch in der Speisenfolge der Schaffermahlzeit nicht. Er wird nach der Bremer Hühnersuppe gereicht. Ihm folgen Kohl und Pinkel mit Maronen (Kartoffeln waren ja im 16. Jahrhundert noch unbekannt), Kalbsbraten mit gedämpften Äpfeln, Katharinenpflaumen und Selleriesalat, Rigaer Butt, Zunge, Wurst, Käse, Sardellen, Früchte und der in Bremen obligatorische Kaffee. Getrunken werden zum Essen kraftvolle Rotweine und das Seefahrtsbier, ein besonders dickflüssiges Bier, das traditionell ausschließlich für die Schaffermahlzeit gebraut wird.

Die während der Schaffermahlzeit gereichten Speisen und Getränke geben schon ein ungefähres Bild von dem, was'n in Bremen so ißt (und trinkt, versteht sich). Verleger, Zeichner und Autor sind aber von der manchen vielleicht waghalsig anmutenden Vorstellung ausgegangen, daß sich der eine oder andere Leser (womit selbstverständlich und zuallererst auch die Leserinnen gemeint sind) für detaillierte Ausführungen über bremische Essens-Gelüste interessiert.

Wer das tut, der möge weiterblättern.

Kohl und Pinkel – oder: Warum den Bremern angesichts ihrer Flagge das Wasser im Munde zusammenläuft

Selbst sehr traditionsbewußte und heimatverbundene Bremer werden nicht umhin können, der unbestreitbaren Wahrheit ins Auge zu blicken, daß Kohl auch außerhalb Bremens gegessen und hoch geschätzt wird. Die Ostfriesen lieben ihren Kohl ebenso wie die Braunschweiger. Schüsseln mit dampfendem Kohl stehen im Solling auf dem Tisch und im Land Hadeln, im Holsteinischen und sogar in Hamburg, vom Oldenburgischen ganz zu schweigen. Aber die Bremer, das steht nun einmal fest, haben aus ihrem Kohl ein Nationalgericht gemacht, eine vaterländische Angelegenheit, die in Jahrhunderten alle Widrigkeiten überstanden und erst jüngst sogar der vielgepriesenen „Nouvelle cuisine" getrotzt hat. Es ist aus Bremen von leidenschaftlichen Verfechtern dieser aus Frankreich kommenden leichten und kalorienarmen Zubereitungsart zu berichten, die allein schon bei der reinen Vorstellung eines Kohl-und-Pinkel-Essens schwach wurden und angesichts eines wohlgefüllten Tellers alle kulinarischen Grundsätze vergaßen und jede Beherrschung verloren.

Tatsächlich haben die Bremer aber auch ein besonderes Verhältnis zu ihrem Kohl, der sich seinerseits als zuverlässiger Begleiter durch alle Höhen und Tiefen der Geschichte erwiesen hat. Kohl und Stockfisch waren für Generationen von Bremern das herausragende Mittagessen, und es verliert sich im Dunkel der Geschichte, wann zum ersten Male in Bremen Kohl auf den Tisch kam.

Bremische Originalität unter den kohl-orientierten Völkern des deutschen Nordens und Nordwestens drückt sich auch darin aus, daß die Bremer den Kohl, der überall sonst Grünkohl heißt, als Braun-

kohl bezeichnen. Sie behaupten steif und fest, daß der Kohl beim langen Kochen seine grüne Farbe einbüße und braun werde. Der Verdacht ist allerdings nicht von der Hand zu weisen, daß ein derartiger Sinn für Farbveränderungen in Generationen antrainiert werden muß und nur mit einem Hinweis auf die Vererbungslehre erklärt werden kann. Nicht-Bremer jedenfalls sehen sich selten in der Lage, die Farbverwandlung des Kohls während des Kochens ehrlichen Herzens zu bestätigen. Tun sie's doch, dann mögen sie nur nicht zugeben, daß für sie der Braunkohl immer noch grün ist.

Es sollte aber an dieser Stelle darauf hingewiesen werden, daß ein gewisser Braunton immer dann eintritt, wenn der Kohl – wie es sich ja eigentlich auch gehört – zusammen mit dem Inhalt einer Pinkelwurst gekocht wird. Und damit wären wir bei einem der Hauptbestandteile eines zünftigen Kohl- und-Pinkel-Essens, nämlich beim Pinkel.

Diese von Nicht-Bremern häufig als genierlich empfundene Spezialität hat natürlich überhaupt gar nichts Unanständiges an sich. Pinkel besteht aus reichlich Speck und Zwiebeln, aus Flomen, Hafergrütze, Piment, Pfeffer und Salz und wird – wenn alles gut miteinander vermischt worden ist – in den Mastdarm des Rindes gestopft, der ja auch Pinkeldarm genannt wird. Und daher leitet sich der Name ab.

Es wäre allerdings eine sträfliche Unterschätzung des bremischen Volkscharakters, würde man annehmen, daß Kohl und Pinkel ausschließlich aus Kohl und Pinkel besteht. Ebenso wie Kohl und Pinkel, zwei im Grunde ja völlig unterschiedliche Dinge, im Bremischen als Einheit betrachtet und grammatikalisch entsprechend behandelt werden, hat der Bremer allein schon bei der akustischen Wahrnehmung des Wortes Kohl und Pinkel die Vorstellung von Fleisch und Würsten und Speck und allerlei Kartoffeln.

Unverzichtbar gehören zu einem Kohl-und-Pinkel-Essen Kasseler Rippespeer, eine Kochwurst und frischer Bauchspeck. Manche Bremer legen sich auch noch eine Gänsekeule dazu. Maronen, die gelegentlich gereicht werden, sind ein Relikt aus vergangenen Zeiten, da es in Bremen noch keine Kartoffeln gab. Die Bremer fanden erst spät, nämlich während des Siebenjährigen Krieges (1756 bis 1763), Gefallen an der Kartoffel; dann aber wurde ihre Liebe so heftig, daß sie heute als ausgesprochene Kartoffel-Esser bezeichnet werden können. Leidenschaftliche Kartoffel-Fans pflegen sich zum Kohl Röst-, Brat- und Salzkartoffeln zu gönnen, wohlgemerkt: und. Nicht oder.

Am liebsten freilich essen sie Bratkartoffeln, was unter anderem daran deutlich wird, daß jeder Bremer ohne zu zögern eine Bratkartoffel-Kneipe nennen kann, in der es die seiner Ansicht nach besten Bratkartoffeln gibt. Und als höchste Form der Bratkartoffel-Zubereitung gelten dem Bremer Bratkartoffeln mit Speck.

Respekt vor dem bremischen Volksempfinden gebietet es, daß wir an dieser Stelle noch einen Augenblick verweilen und uns dem Speck zuwenden, dem sich die Bremer so innig verbunden fühlen.

Es ist eine beinahe familiäre Verbundenheit, die möglicherweise noch aus jenen Tagen stammt, da Bremer Haushaltungen ohne Schweine nahezu undenkbar waren. Das Schwein lebte mit dem Menschen unter einem Dach, teilte mit ihm Hof und Straße, und noch bis in unser Jahrhundert hinein hatte die Obrigkeit damit zu tun, unbelehrbare Bürger der Stadt davon zu überzeugen, daß Schweine in den Stall gehören und nicht in die Stube.

Und wenn die Bremer auch dem Schweinefleisch nicht ganz die Verehrung entgegenbrachten, die sie für das Fleisch des Ochsen empfanden, so ging ihnen doch nichts über den Schweinespeck, und es gibt kaum ein bremisches Nationalgericht, in dem der Speck nicht seinen Platz hätte. Kohl und Pinkel ist nur ein Beispiel dafür.

Die Liebe der Bremer zum Speck geht so weit, daß sie ihn – den gestreiften und geräucherten Speck – als Inkarnation ihres Staatssymbols, der Flagge, betrachten. Konsequenterweise nennen sie ihre rot-weiß gestreifte und gewürfelte Flagge denn auch Speckflagge. Diese Vertraulichkeit im Umgang der Bürger mit ihrem Staat hat sich bisher in keiner Weise nachteilig ausgewirkt. Im Gegenteil, wem beim Betrachten seiner Nationalfarben das Wasser im Munde zusammenläuft, dem werden umstürzlerische Gedanken fremd sein.

Nach dieser Abschweifung auf ein Spezialgebiet der kulinarischen Landschaft Bremens sollten wir noch einmal zum Kohl und Pinkel zurückkehren, der ja das gesellige (und auch gesellschaftliche) Leben der Hansestadt vor allem während der Wintermonate bestimmt – eigentlich nur während der Wintermonate; denn keinem Bremer würde es auch nur im Traume einfallen, etwa im Juli Kohl und Pinkel zu essen. Ja, unvergeßlich bleibt das angewiderte Gesicht eines Bremers, dem in den ersten November-Tagen des Jahres 1981 in einem Hamburger Restaurant Grünkohl angeboten wurde. „Kohl nur mit Kochwurst", sagte er, „und so ganz ohne Pinkel, dascha all ne Zumutung. Aber denn auch noch vor Buß- und Bettag, dascha nu geradezu unanständig."

Am Buß- und Bettag ist meistens der erste Frost übers Land gezogen, und Frost braucht der Kohl, wenn er schmecken soll. Es hat sich daher auch eingebürgert, daß die Kohlzeit nach diesem Buß- und Bettag, an dem ganz Bremen nach Kohl riecht, ein bißchen wieder abebbt. Nun haben ja alle Bremer erstmal ihren allergrößten und nicht mehr zu zähmenden Appetit auf Kohl gestillt, und zufrieden gehen sie auf Weihnachten zu – in der stillen Hoffnung, daß der strenge Frost noch kommt und dem Kohl die für künftige Genüsse erforderliche Behandlung zuteil werden läßt.

Im Januar und Februar nämlich, dann ist die hohe

Kohlzeit. Dann finden die weltberühmte Schaffermahlzeit und das nicht minder bekannte Eiswett-Essen statt, beide ohne Kohl und Pinkel nicht denkbar. Dann treffen sich Familien und Vereine, Firmenbelegschaften, Kegelclubs, Skatbrüder und Hausgemeinschaften zur obligatorischen Kohl-und-Pinkel-Fahrt.

Mit Bahn oder Bus geht es hinaus aufs Land, wo verantwortungsbewußte Initiatoren in ebenso nahrhafter wie anstrengender Forschungsarbeit eine Kohl-und-Pinkel-Kneipe ausgekundschaftet haben, die möglichst über eine Kegelbahn verfügen sollte. Wichtiger ist natürlich, daß der Kohl dort schmeckt. Bahn oder Bus werden ein paar Kilometer vor dem betreffenden Restaurant verlassen; denn die mit Strohhüten und Eierbechern geschmückten Kohlfahrt-Teilnehmer stehen in der Pflicht, sich hungrig zu laufen, ehe sie sich an den gedeckten Tisch setzen dürfen. Der Weg wird ihnen erleichtert dadurch, daß der von ihnen mitgeführte Eierbecher alle paar hundert Meter mit klarem Korn gefüllt wird, der ebenfalls als appetitanregendes Mittel gilt. Und das alles wird häufig musikalisch umrahmt durch eine Drehorgel.

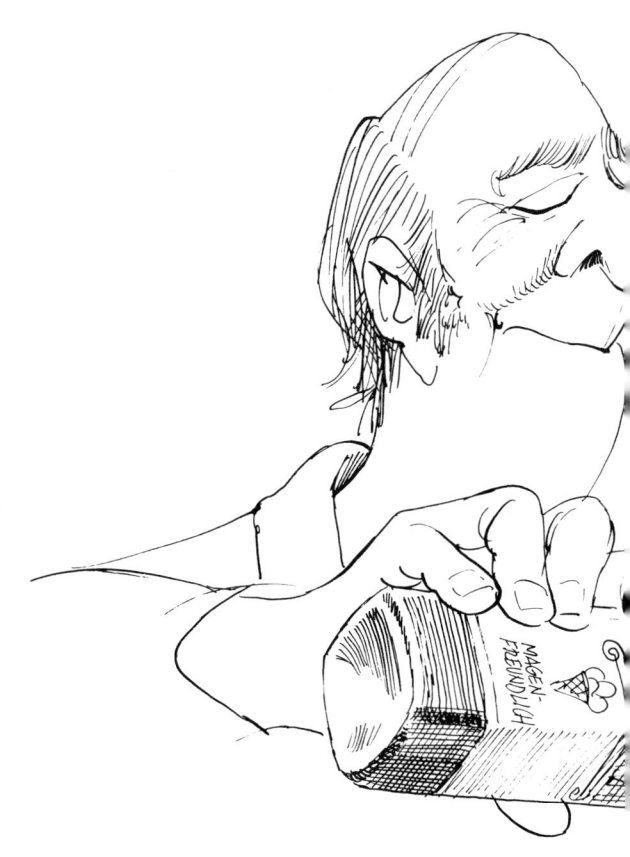

Das Essen selbst gestaltet sich stets zu einem edlen Wettstreit, bei dem am Ende derjenige, der die größten Mengen Kohl vertilgt hat, mit einem „Freßorden" ausgezeichnet wird. Über Form und Aussehen des Freßordens gibt es keine bestimmten Vorstellungen. Manchmal besteht er aus einem Knochen eines der für das Kohl-und-Pinkel-Essen geopferten Tieres. In einigen Vereinen, die auf sich halten, ist es üblich, Medaillen mit dem Namen des Siegers anfertigen zu lassen. Die Medaillen werden an einer Kette aufgereiht und ergeben im Laufe der Jahre eine sehr viel Würde ausstrahlende Amtskette. Inhaber und Träger dieser Kette ist der jeweilige Freß-König, der sie an den neu ermittelten König weiterzureichen hat.

Es kann passieren, daß zum Beispiel Vereinsmit-

glieder alljährlich beim Kohl-und-Pinkel-Essen ungewöhnliche Anstrengungen unternehmen, um die Königs-Würde zu erringen, stets aber von einem anderen, vielleicht gar einem Außenseiter, übertroffen werden, bis dann eines guten Jahres die zumeist aus Vorstandsmitgliedern bestehende Jury zu dem Schluß kommt: „In diesem Jahr geht kein Weg an Willy vorbei. Der ist dran. Und der wird stocksauer, wenn wieder ein anderer den Freßorden kriegt." Und wirklich, Willy wird Freß-König. Und wer ihn bei der Überreichung des Freßordens strahlen sieht, der muß annehmen, daß dieser Augenblick von ihm als Höhepunkt seiner Vereinskarriere angesehen wird.

In diesem Zusammenhang sei noch ein Wort über das Verhältnis der Bremer zu ihren Oldenburgischen Nachbarn gestattet. Es ist – wie unter Nachbarn so üblich – niemals besonders herzlich gewesen; und wenn man heute auch durchaus bereit ist, einander zu respektieren, was ja nicht unbedingt in freundschaftliche Umarmungen auszuarten braucht, so ist doch eine gewisse frostige Atmosphäre nicht zu übersehen, wenn die Rede auf Kohl und Pinkel kommt.

Die Oldenburger sind nämlich der für Bremer absolut unverständlichen Ansicht, daß sie, also, die Oldenburger, Kohl und Pinkel erfunden haben. Entsprechend pikiert reagieren die Bremer denn auch auf alle Versuche der Oldenburger, diese bremische Nationalspeise als oldenburgische Spezialität zu kreieren, wozu auch ein alljährlich in Bonn stattfindendes Kohl-und-Pinkel-Essen der Oldenburger für befreundete Politiker und Beamte gehört. Alles was recht ist, das geht eigentlich ein bißchen zu weit.

Es ändert aber nichts an der Tatsache, daß die Bremer ihre Kohl-und-Pinkel-Fahrten am liebsten ins Oldenburgische unternehmen, weil der Kohl da, nun mal ganz ehrlich, immer noch am allerbesten schmeckt.

Triftiger Grund

Beim Gang über den Markt auf dem Domshof blieb Frau Tünnermann vor dem Stand des Bauern Hormann aus Stadt bei Sulingen stehen, betrachtete sinnend den Scherkohl, dem in der Art der Zubereitung eine entfernte Verwandtschaft mit dem Braunkohl nicht abzusprechen ist, und meinte zu ihrem Mann, der gleichfalls stehengeblieben war, jedoch in Ermangelung eines ihn interessierenden Gegenstandes mit den Augen etwas ziellos durch die Gegend irrte: „Guck mal, Fritz, Scherkohl. Ich sollte auch mal wieder Scherkohl kochen."
Fritz Tünnermann hielt da überhaupt nichts von. Für ihn war Scherkohl sowieso'n degenerierter Braunkohl, wofür ja schon die Tatsache spricht, daß Scherkohl im Frühling auf den Markt kommt. „Och, Hanna", meinte Fritz Tünnermann denn auch, „was soll das, wo ich doch Scherkohl gar nicht mag."
„Ja", antwortete darauf Hanna Tünnermann und nickte mit dem Kopf. „Eben darum!"

Dekadent

„Ich tu da dscha immer noch'n büschen Kardamom ran", brachte sich Frau Papendiek aus der Kohlhökerstraße immer dann zu Gehör, wenn das Gespräch auf Kohl und Pinkel kam. Denn für Kohl und Pinkel fühlte sich Frau Papendiek kompetent, und sie war dann auch nach ihrer Kardamom-Einlage nicht mehr zu bremsen: „Also, ich koch' den dscha nur mit Bauchspeck drin an und mit einer angepieksten Pinkelwurst, und auf'n Teller gehört nun mal neben dem Kohl und den Salz- und Röstkartoffeln eine ordentliche Portion Pinkel. Dann natürlich der Speck, eine Kochwurst, ein Stück Kasseler. Und manchmal leg' ich noch eine Gänsekeule bei, was ich im Grunde dscha 'n büschen dekadent finde. Aber mein Mann mag das so gern. Und der is ausse Neustadt."

Dienstlich

Von Hinrich Kuhlmann, der als Baumwollkaufmann viel auf Reisen war und immerzu auch in Bremen mit Geschäftsfreunden essen mußte, wird überliefert, daß er den im Hinblick auf ein bevorstehendes Kohl-und-Pinkel-Essen vorsichtig geäußerten Hinweis seiner Frau Renate auf seine in letzter Zeit leider immer sichtbarer werdende Gewichtszunahme mit der Belehrung vom Tisch wischte: „Eins will ich dir mal sagen, Renate, und da laß ich mich auch nich von abbringen: Dienstlich essen macht nich dick!"

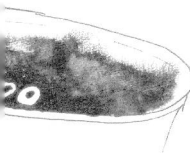

Heino Geffken
mag im Pinkel keinen Talg

Wer für Pinkel Talg nehmen will, der soll das tun. Heino Geffken aus Lilienthal nimmt lieber Rinderfett. „Talg", sagt er, „ist so leimig im Mund. Und Leim mag ich nicht."

Er nimmt also ein Teil Rinderfett und läßt auch immer ein bißchen Fleisch von der Querrippe mit dabei. Das alles schneidet er in kleine Würfel, etwas größer als Schinkenwürfel. Dann nimmt er ein Teil Flomen oder ein Teil Speck – das kann jeder halten, wie er will, außerdem ein Teil Hafergrütze und rohe Zwiebeln (eins zu eins), eher etwas weniger Grütze und dafür mehr Zwiebeln. Flomen beziehungsweise Speck und Zwiebeln werden wie das Rinderfett geschnitten.

Die Gewürze auf etwa ein Kilogramm Pinkel sind zwei Gramm gemahlener schwarzer Pfeffer, zwei Gramm Piment, 15 Gramm Salz. Alles zusammen wird in einen Leinenbeutel gefüllt und auf den kochenden Kohl gelegt.

Heino Geffkens Vater, der Hausschlachter in Lilienthal ist, füllt Pinkel manchmal in krausen Darm und räuchert ihn. „Mußt mal probieren", sagt Heino Geffken. „Schmeckt auch ganz gut."

Haltung

Hermann Kröger von Kröger, Wellmann & Co. war nach einem sehr anstrengenden Kohl-und-Pinkel-Essen drauf und dran, sich zu einem dringend erforderlich gewordenen Mittagsschläfchen zurückzuziehen, als ihm siedendheiß einfiel, daß er einen wichtigen Termin verschwitzt hatte, die Einladung eines ihm sehr verbundenen Geschäftsfreundes nämlich zu einem Mittagessen im Essighaus.

Nun war allerdings noch nichts verloren; denn bei Krögers zu Hause wurde immer sehr früh gegessen. Die Einladung aber war auf halb zwei datiert. So kam es denn, daß Hermann Kröger ohne allzu große Hast und halbwegs pünktlich im Essighaus eintrudelte, wo er von seinem Geschäftsfreund mit der ihm nun geradezu gehässig in den Ohren klingenden Frage begrüßt wurde, ob er denn auch ordentlich Hunger mitgebracht habe.

Denn der Geschäftsfreund, ein gewisser Schöller, der sich auf seine feine Lebensart viel zu Gute hielt, hatte ein opulentes Mahl zusammenstellen lassen, das aus acht Gängen bestand und dem sich langsam in eine gewisse Panik hineinkauenden Hermann Kröger keine Chance ließ, sich um den einen oder anderen Bissen herumzumogeln. Jeder Gang wollte gewürdigt werden, und nachdem er gleich zu Anfang fast die Hälfte der Gänseleber hatte zurückgehen lassen, wagte er es nicht, sich noch einmal dem vorwurfsvollen Blick des Obers auszusetzen. Er zwang sich innere und äußere Haltung auf und aß fortan jeden Teller leer, ja, er fand sogar noch die Kraft, sich mit Herrn Schöller über die Qualität der Speisen und über die gemeinsamen Geschäfte zu unterhalten.

Am nächsten Morgen allerdings äußerte sich Herr Schöller in vertrauter Runde so: „Einerseits ist Hermann Kröger ja ein bescheidener Mensch. Ich habe ihn fast zu jedem Bissen nötigen müssen. Aber nach dem Essen, da hat er doch – ohne lange zu fragen – vier Kognak hintereinanderweg bestellt. Ehrlich gesagt, das fand ich dscha 'n büschen haltlos."

Vom Kükenragout
und der Häuslichkeit der Bremer

Harrn ji ehr kamen, harrn ji wat mit äten kunnt, seggt de Bremer – behaupten die Oldenburger, die ja, wie jeder weiß, seit eh und je ein etwas gebrochenes Verhältnis zu den Bremern haben.

Und sie wissen natürlich auch ganz genau, die Oldenburger, wie sie die Bremer am wirkungsvollsten treffen können. Zum Beispiel, indem sie ihnen Ungastlichkeit ankreiden. Wäret ihr eher gekommen, hättet ihr mit essen können – so etwas sagt man nicht als ordentlicher Gastgeber. Und so etwas kann man sich als Bremer von seinen Landsleuten eigentlich auch gar nicht vorstellen.

Es sei denn, nicht wahr, es habe gerade mal wieder ein bremisches Leibgericht gegeben. Denn bei ihren Leibgerichten, da werden die Bremer sehr menschlich und sehen absolut nicht ein, daß sie teilen sollen, da sie doch allein ganz gut damit fertig werden.

Bei allem Patriotismus, ein solches Verhalten wäre zum Beispiel beim Bremer Kükenragout denkbar; denn kaum irgendetwas essen die Bremer lieber als Kükenragout, was schon darin seinen Ausdruck findet, daß es über die Zeiten hinweg beliebt geblieben ist.

Schon Betty Gleim hat sich in ihrem Kochbuch von 1808 mit dem „Fricassee von Kiken" beschäftigt und in der 1817 erschienenen 2. Auflage ihres Bremischen Kochbuches ein auf 18 Personen berechnetes Rezept über „Ragout von Küken (Küchlein)" veröffentlicht, was die Vermutung zuläßt, daß Kükenragout-Essen gelegentlich den Charakter von Volksfesten annahmen.

Das von Betty Gleim kreierte Kükenragout war im übrigen ein sehr aufwendiges Unternehmen, bei dem es nicht mit ein paar Küken getan war. Es gehörten dazu Midder (Kälbermilch), Magen und Leber, Butter und Schalotten, Weißwein und Rindfleisch, Fleischbrühe, Ochsenuntermund und Gaumen, Schweinsohren und Schweinszungen, Morcheln, Pilze, Pinienkerne, Pistazien und Spargel, Artischocken und Kastanien, schließlich Sardellen, Muskat und Krebsbutter. Und auch die Cocktailwürstchen fehlten bei Betty Gleim nicht, obwohl sie damals natürlich nicht als Cocktailwürstchen bezeichnet wurden, sondern als Saucischen.

Betty Gleims Rezept ist aber nur eine von vielen, vielen Zubereitungsarten. Jede Bremer Hausfrau, die etwas auf sich hält, besitzt ihr ganz persönliches Kükenragout-Rezept, das meistens seit Generationen in der Familie ist.

Wir haben daher zunächst auch gar kein Rezept veröffentlichen wollen, weil wir das für reine Papierverschwendung hielten. Guckt ja doch keiner hin. Aber dann trafen wir Rüdiger König, der Chefkoch im Bistro von Schmidt-Grashoff ist, und der sagte, er wisse ein höchst bemerkenswertes Rezept, und das wolle er uns gern verraten, obwohl es natürlich im Grunde nichts weiter sei als eine Abwandlung des altbekannten und beliebten Kükenragouts. Ja, sehen Sie, da konnten wir nicht widerstehen, zumal sich König obendrein bereit erklärt hatte, es für uns zu kochen.

Nicht ganz unwichtig aber ist in diesem Zusammenhang die Frage: Wo bekommt man die für das Kükenragout erforderlichen Küken her? Und wie haben es die Bremer früher damit gehalten?

In dem von der Redaktion der Zeitschrift „essen & trinken" erarbeiteten Buch „Unvergessene Küche" wird auf das Beispiel der Vierländer Stubenküken hingewiesen. Es heißt: „Ursprünglich wurden dort (in den Vierlanden) im Winter die Hühner mit den Fischen, die zum Laichen die Elbe hinaufzogen, gefüttert. Die solcherart wohlgenährten Küken brüteten deshalb viel früher als sonst. Die Küken, die natürlich nicht winterfest waren, nahm man in die warme Stube und zog sie dort auf. Sie wohnten in der 'Hühnerbank' und wurden so lange gemästet, bis

sie sehr fleischig, aber immer noch klein waren. Dann ereilte sie das Schicksal allen Nutzviehs ...".
Ob in Bremen vorzugsweise Stubenküken eine Rolle spielten bei der Zubereitung des Kükenragouts, das konnten wir nicht ermitteln. Wenn von Kükenragout die Rede ist, dann würde Rüdiger König zum Beispiel viel lieber sagen: Ragout von jungen Hähnchen; denn richtige Küken sind das eigentlich nicht mehr, die er verarbeitet. Und daß so manches Kükenragout in seiner Grundsubstanz heutzutage in leichtfertiger Großzügigkeit aus einem ausgewachsenen Huhn hergestellt wird, läßt sich kaum ernsthaft bezweifeln.

Zur Geschichte des Kükenragouts findet man in der einschlägigen Literatur und in den Archiven überhaupt nichts. Sicher ist freilich, daß die Bremer stets ein inniges Verhältnis zu Glucken und ihren Küken hatten, weil sie als Symbole der Fruchtbarkeit, der Mütterlichkeit und der Häuslichkeit galten, die Bremer aber vor allem auf Häuslichkeit immer großen Wert gelegt haben. Das ist freilich kein Grund, die Küken aufzuessen.

Logischer klingt da schon jene andere Erklärung, die mit der Sage von der Gründung Bremens zusammenhängt. Der Schriftsteller Friedrich Wagenfeld erzählte in der ersten Hälfte des 19. Jahrhunderts die Geschichte von den Fischern, die sich vor undenklichen Zeiten in stürmischer Nacht auf der Flucht befanden und von ihren Weserkähnen aus angestrengten Blickes Ausschau hielten nach einem rettenden Ufer. Da sahen sie plötzlich eine Glucke mit ihren Küken, die sich auf einer Düne in Sicherheit brachten. Die Fischer folgten ihnen und waren gerettet. Auf der Düne steht heute der Dom. Die Fischer aber hatten – wie fast alle Menschen – eine sehr eigenwillige Art, ihre Dankbarkeit zu bekunden: Nachdem sie sich von den Anstrengungen der Flucht einigermaßen erholt hatten, bekamen sie Hunger und bereiteten sich ein – Kükenragout.

Willkommene Abwechslung

Dr. Herbert Brenning, der unvergessene Geschäftsführer des Bremer Verkehrsvereins, in dessen Amtszeit im Jahre 1965 das Jubiläum „Bremen – ein Jahrtausend Schlüssel zur Welt" fiel, hatte während dieses ereignisreichen Jahres einmal vierzehn Tage hintereinander Journalisten aus aller Herren Länder betreut, jeden Tag andere, und sie auf gut bremische Art im Essighaus in der Langenstraße mit Bremer Kükenragout traktiert, wozu Herr Bastanier, der Wirt des Essighauses, stets besonders erlesene Weißweine auszuwählen pflegte.

Am Ende dieser vierzehn Tage allerdings regten sich in dem auf die Widrigkeiten des Lebens sonst eher gelassen reagierenden Verkehrsvereins-Geschäftsführers allein bei dem Gedanken an Kükenragout leichte Aggressionen, und er empfand es daher als eine willkommene Abwechslung, als ihm von Freunden eine Einladung zu einem Abendessen übermittelt wurde, mit der wohlmeinenden Begründung, er, der nun immerzu Gastgeber sein müsse, werde doch auch einmal froh sein, wenn er in die Rolle eines Gastes schlüpfen dürfe.

Herbert Brenning, der bereits in der Vergangenheit mehrfach die gute Küche dieser Freunde zu schätzen gelernt hatte, sagte zu und für den betreffenden Abend alle anderen Termine ab. Er aß mittags noch mit einem Journalisten aus Toronto Kükenragout im Essighaus und traf am Abend pünktlich bei seinen Freunden ein – in froher Erwartung eines guten Essens.

Und wahrlich, die Freunde hatten sich mal wieder alle Mühe gegeben und sich – wie die Dame des Hauses dem erwartungsvoll schnuppernden Herbert Brenning bereits an der Korridortür übermittelte – eine besondere Überraschung einfallen lassen. Der Hausherr selbst lüftete beim Begrüßungschampagner das Geheimnis.

„Wir haben gedacht, lieber Doktor", sagte er, „daß wir uns in diesem Jubiläumsjahr an das gut Bremische halten sollten, auch kulinarisch, und da sind wir auf die Idee gekommen, heute ein richtiges Bremer Kükenragout zu servieren."

Einfache Lösung

Es ergab sich, daß Kapitän Holtermann mit zwei Herren der Reederei, die es trotz ihrer Jugend bereits zu beachtlichen Stellungen im mittleren Management gebracht hatten, ein sogenanntes Arbeitsessen in einem renommierten Bremer Restaurant einnehmen mußte.

Es gab Bremer Kükenragout, wie es sich Kapitän Holtermann ausdrücklich gewünscht hatte, und die beiden Jung-Manager begannen eine etwas umständliche, aber von zeitgemäßer Sachkenntnis getragene Debatte über die Frage, ob man zum Bremer Kükenragout einen weißen Pouilly Fumé vom Weingut des Barons de Ladoucette trinken solle, oder ob es auch gestattet sei, einen roten Chateau Léoville Barton, Jahrgang 76, zu dem an sich ja nach weißem Wein verlangenden Kükenragout zu sich zu nehmen.

Kapitän Holtermann hörte sich das Gespräch der beiden jungen Herren eine Weile an, um es dann allerdings mit den Worten zu unterbrechen: „Wenn Sie mich mal fragen, meine Herren, ich meine, was man zum Kükenragout trinkt, das ist wohl nicht eine Frage der Wissenschaft, sondern eine Frage des Durstes." Und sich dem gerade vorbeieilenden Ober zuwendend, rief er: „Herr Ober, ein Bier!"

Bremer Kükenragout – das lange Rezept von Rüdiger König

Zutaten: 1 Liter Wasser, 300 Gramm Suppengemüse, Wurzeln (die überall sonst in der deutschsprachigen Welt Möhren heißen), Sellerie, Lauch, eine kleine Zwiebel, fünf Nelken, etwas Salz; etwa 500 Gramm Kalbszunge (eine ganze), 700 Gramm Kalbsbries, 500 Gramm Hähnchenbrust, filiert, 300 Gramm Kalbsmett, fein durchgedreht und mit zwei Eiern, 1/10 Ltr. Sahne, Muskat, Salz und weißem Pfeffer angemengt und abgeschmackt, 30 Gramm getrocknete Spitzmorcheln in einem Viertelliter Wasser zwei Stunden einweichen, 800 Gramm frische Champignons, 500 Gramm Reis, 50 Gramm Butter, 100 Gramm Crême fraiche, 200 Gramm geschlagene Sahne, 2/10 Ltr. Weißwein, eine Zitrone, Cayenne-Pfeffer, etwas Maizena (oder Stärkepulver).

Und so wird es zubereitet: Das Wasser mit dem Suppengemüse und etwas Salz aufsetzen. Die Kalbszunge darin etwa zweieinhalb Stunden abkochen. Das Kalbsbries darin etwa zehn Minuten blanchieren. Kalbsbries weiter säubern und von den Häutchen befreien und in etwa zwei Zentimeter große Stücke zerteilen. Kleine Kalbfleischklößchen mit einem Teelöffel abstechen und abkochen (in der Brühe). Die Hähnchenbrust in etwa zwei Zentimeter große Stücke schneiden und beiseite stellen. Den Reis körnig kochen und ebenfalls beiseite stellen. Champignons waschen, davon 300 Gramm in feine Scheiben schneiden. Die Brühe durch ein Sieb gießen und auf ein Drittel einkochen. Danach ganz leicht mit etwas Maizena binden. Die Zunge in einen Zentimeter dicke Scheiben schneiden. Je nach Zungengröße noch einmal halbieren und vierteln. Das gewürfelte Kalbsbries in einer Pfanne etwa 15 Minuten goldbraun anbraten und warmstellen. Die Hähnchenbrust nur ganz leicht goldbraun anbraten: warmstellen. Kalbfleischklößchen und Zunge warmstellen. In einer Pfanne die Champignonscheiben in Butter anbraten, bis sie goldbraune Farbe angenommen haben, und die Morcheln mit der Flüssigkeit dazugeben (Vorsicht! Sand am Boden) und sehr weit einkochen lassen. Mit Weißwein ablöschen. Die Champignonpfanne in einen Ragouttopf umfüllen und mit etwa 300 Gramm Brühe auffüllen und aufkochen lassen. Alle Fleischzutaten hinzufügen und bis etwa 80 Grad Celsius erwärmen. Das Ragout mit Crême fraiche, Zitrone, Cayenne-Pfeffer, Salz abschmecken. Zum Schluß soviel geschlagene Sahne unterheben, bis das Ragout eine gute und nicht zu dicke Konsistenz bekommt. Etwa zehn Minuten vorher zwei Pfannen mit dem Reis, etwas Butter, Pfeffer und Salz aufsetzen und erwärmen. Auf einer mittelgroßen Reibe die restlichen rohen Champignons (ganz) reiben und unter den Reis heben.

Wie es dazu kam, daß der Gastwirt Mehlgarten aus Berlin die besten Pluckte Finken kochte

Bei Schlachter Raab am Buntentorsteinweg stand einer im vollen Laden und begehrte ein Pfund geräucherten Speck, was an sich ja nichts Besonderes gewesen wäre, wenn er nicht hinzugefügt hätte: „Ich brauch' den für Pluckte Finken."
Frau Raab verzog keine Miene. Aber die Blicke der anderen wandten sich mit einem Ruck dem Herrn mit den Pluckten Finken zu, etwas verwunderte darunter und leicht amüsierte. Und als er aus dem Laden raus war, da ging's los.
Ja, gibt's denn überhaupt noch Pluckte Finken? Warum, liebe Freunde, soll es Pluckte Finken nicht mehr geben? Sie sind nur ein bißchen in Vergessenheit geraten – und dabei doch ein so wunderbares und wohlschmeckendes Eintopfgericht.
Die beiden Bremer Ernst Rowohlt und Anton Kippenberg zum Beispiel, die es außerhalb ihrer Vaterstadt als Verleger zu höchstem Ansehen gebracht hatten, liebten Pluckte Finken über alles, und Hanns Meyer erzählt in seinem Buch „Gastliches Bremen", daß sich die beiden Herren einmal nicht einig werden konnten über die richtige Zubereitungsart dieses heimatlichen Essens. Rowohlt kannte Pluckte Finken von zu Hause her nur mit Ochsenfleisch und ließ nichts anderes gelten, Kippenberg beharrte starrköpfig darauf, daß Pluckte Finken mit Pökelfleisch gekocht werden müßten.
Schließlich vereinbarten die beiden ein Wettkochen bei dem Gastwirt Mehlgarten am Olivaer Platz in Berlin und luden als Schiedsrichter alle ihre Freunde ein. Bei Mehlgarten waren sie aber prompt an die richtige Adresse gekommen; denn der Wirt und seine Frau stammten aus Vegesack und kochten Pluckte Finken grundsätzlich mit Schweinebauch. Ausgerechnet diese Zubereitungsart aber

schmeckte den anwesenden Freunden der beiden Verleger am besten.

Von den drei Rezepten ist uns im Detail allerdings nur das von Ernst Rowohlt überliefert worden. Er schnitt gelbe Wurzeln, Kartoffeln und Ochsenfleisch in kleine Würfel und kochte sie zusammen mit Zwiebeln, weißen Bohnen, Pfeffer und etwas Zucker, wobei er streng darauf achtete, daß die Flüssigkeit klar blieb – sie durfte auf keinen Fall pampig werden. Zum Schluß kam noch ein tüchtiger Schuß Essig hinzu.

Etwas einfacher sind die Pluckten Finken, die uns Betty Gleim in ihrem Bremischen Kochbuch von 1808 hinterlassen hat: „Man schneidet gelbe Wurzeln (Möhren) und geräuchertes Ochsenfleisch oder Pökelfleisch in Würfel, so, daß man von jedem gleichviel erhalte. Dann setzt man die Wurzeln mit Wasser und Butter zu Feuer, und läßt sie gahr kochen. Wenn sie gahr sind, schüttet man das in Würfel geschnittene Fleisch dazu hinein, schüttet es mit den Wurzeln um, und gießt Essig dazu. Dieses Alles läßt man nun miteinander aufkochen, und richtet es darauf an."

Lange Zeit schien man über die Herkunft des Namens im Zweifel zu sein, und auch Hanns Meyer äußerte sich vorsichtig. Er setzte seiner Erklärung ein „wahrscheinlich" voraus, während Werner Kloos in seinem Bremer Lexikon die von uns ausgeschmückt wiedergegebene Erklärung als unbestreitbare Tatsache anbietet.

Danach nämlich sind uns die Pluckten Finken von den alten Bremer Walfängern beschert worden. Der Walfang spielte ja lange eine bedeutende Rolle im bremischen Wirtschaftsleben; denn der dabei gewonnene Tran war für eine sinnvolle Inbetriebnahme der Tranfunzeln unentbehrlich. Tranfunzeln, richtiger natürlich Trankrüsel, waren die wichtigste Lichtquelle unserer Ururgroßeltern. Erst Mitte des 19. Jahrhunderts wurde der Trankrüsel von der Petroleumlampe abgelöst.

Aber nicht nur der Tran des Wales konnte vermarktet werden. Auch seine Barten – das für die Mode ungeheuer bedeutsame Fischbein; denn das hornige und biegsame Material wurde dringend benötigt für die Herstellung von Miedern, Korsetts und Reifröcken, die im 18. und 19. Jahrhundert über weite Strecken die Damenmode beherrschten.

Die Bremer übten Walfang aus seit dem Jahre 1653, und sie rührten sich in diesem Geschäft mit zunehmendem Erfolg. Unvergeßlich blieben lange Zeit die Jahre 1697, da 16 Schiffe 117 Wale nach Hause gebracht, und 1740, da 20 Schiffe mit 190 Walen an die Weser zurückgekehrt. Erst die Einführung der bereits erwähnten Petroleumlampe machte das Geschäft mit den Walen kaputt. Im Jahre 1872 wurde das letzte bremische Walfangschiff für immer aus der Grönlandfahrt herausgenommen.

Einzige Erinnerung an die große Zeit des Walfangs sind die Walkiefer, die man vereinzelt bis auf den heutigen Tag in Vegesack und Oberneuland als Pfortenpfosten vor den Hausgärten sieht – Souvenirs bremischer Walfänger. Und eine Erinnerung sind auch die Pluckten Finken. Sie waren eine ebenso nahrhafte wie (infolge ihres häufigen Erscheinens auf dem Speisezettel) verwünschte kulinarische Spezialität bremischer Walfänger, die nämlich den in große Würfel gehauenen beziehungsweise gepluckten Walfischspeck als „Vinken" bezeichneten. Später wurde das „V" durch ein „F" ausgewechselt. Die gepluckten Finken wurden an Bord in Fässern aufbewahrt, um später an Land Tran daraus zu kochen. Ein Teil der gepluckten Finken allerdings wurde unterwegs an die Schiffskombüse abgeführt.

Es ist anzunehmen, daß die Pluckten Finken von Bremen aus einen ebenso kurzen wie heftigen Siegeszug ins Binnenland unternahmen. Denn gegen Ende des 18. Jahrhunderts erschien ein sehr viel gelesenes Buch mit allerlei Schwänken, das den Titel „Gepflücke Finken" trug, wovon sich Autor und

Verlag, wie Hanns Meyer vermutet, offenbar eine appetit- und kaufanregende Wirkung auf den Leser versprachen.

Die berühmte Henriette Davidis aber, deren Kochbücher von den vierziger Jahren des 19. Jahrhunderts an über viele Jahrzehnte hinweg das Geschehen in den deutschen Küchen beherrschen, scheint von den Pluckten Finken schon nichts mehr gewußt zu haben. Selbst Luise Holle aus Bremerhaven, Bearbeiterin der 35. Auflage des Davidis-Kochbuches, erwähnt die Pluckten Finken nicht. Man schrieb das Jahr 1896. Und selbst jene Zeit unseligen Angedenkens, da den Volksgenossen alle vier Wochen ein Eintopfgericht als Sonntagsessen verordnet wurde, ist an den für diesen Zweck doch denkbar gut geeigneten Pluckten Finken unverständlicherweise achtlos vorbeigegangen. Martha Zwerg nennt sie in ihrem 1940 erschienenen „Kochbuch für Haushaltungen- und Frauenschulen" (mit Anhang: Sparküche) nicht.

Wir haben uns infolgedessen ganz unbefangen an die fast vergessenen und politisch jedenfalls unbelasteten Pluckten Finken herangemacht und sie im Stile unserer Zeit neu zubereitet.

Lange Lehrzeit

Ob das nun Kommandeur Westermeyer aus Mittelsbüren war, der im Jahre 1872 das letzte bremische Walfangschiff befehligte, das weiß ich nicht so genau. Es kann auch der alte Hollwedel gewesen sein.

Also, nehmen wir an, es war Hollwedel, der nach dschahrenden in der Grönlandfahrt endlich in Vegesack bei seiner Frau Trudchen vor Anker gegangen war, was ihm schwer genug ankam und lediglich halbwegs erträglich wurde durch die Tatsache, daß er es nur ein paar Schritte bis zur Weser hin hatte. Vor allem aber machte ihm eines zu schaffen; daß nämlich Trudchen, eine sonst gar nicht so üble Person, es in all den Jahren ihrer glücklichen Ehe mit ihm, dem alten Hollwedel, nicht geschafft hatte, sein Lieblingsgericht so zuzubereiten, wie er es von Bord gewohnt war, genauer gesagt von seinem guten alten Smuttje Behrmann, der mit ihm abgemustert hatte und nun irgendwo im Oldenburgischen lebte. Käpt'n Hollwedel sagte immer: „Trudchen, alles was recht ist, Pluckte Finken, die kannst du nich! Da is Behrmann dir über!" Und so sehr Trudchen sich auch anstrengte – immer donnerstags, weil da doch Seemannssonntag ist, sie schaffte es nicht, und sie schaffte es nicht.

Und eines donnerstags passierte ihr auch noch das Mißgeschick, daß sie für die Pluckten Finken ein Stück ranzigen Speck erwischt hatte. Und da konnte sie noch so viel Essig und Pfeffer und dann noch mal Zucker nehmen – der ranzige Geschmack ging nicht raus.

Und Trudchen gab schließlich den Kampf auf und ließ die Dinge in Gestalt eines Hollwedelschen Wutausbruchs auf sich zukommen.

Pünktlich um zwölf war Kapitän Hollwedel zu Hause, ließ sich in die Puschen helfen und machte es sich am Mittagstisch bequem, donnerte mit lauter Stimme, wie er es als Kommandeur in der christlichen Seefahrt mit vorwiegend unchristlichen Raufbrüdern hatte tun müssen, sein Tischgebet und langte zu.

Kaum aber hatte er den ersten Bissen runter, ängstlich beobachtet von Trudchen, da erhellten sich seine Gesichtszüge, strahlten äußerste Zufriedenheit aus, und er sagte: „Endlich, Trudchen, endlich hast du gelernt, wie man Pluckte Finken kocht. Genau so haben sie bei Behrmann immer geschmeckt."

Wie man Pluckte Finken heutzutage auf den Tisch bringen kann

Wir haben folgende Zutaten genommen: 750 Gramm Wurzeln (Möhren), 250 Gramm weiße Bohnen, zwei mittelgroße saure Äpfel, 750 Gramm Kasseler Bauch, etwas Schmalz, etwas Salz, ein Sträußchen Petersilie.

Die Bohnen werden am Vortag in Wasser eingeweicht. Am nächsten Tag wird das Fleisch in Schmalz angebraten. Die eingeweichten Bohnen werden abgegossen und mit etwa einem halben Liter Wasser zum Fleisch gegeben. Alles eine halbe Stunde kochen lassen. Dann kommen die geschälten und klein geschnittenen Wurzeln dazu. Nach etwa zehn Minuten Kochzeit folgen die ebenfalls kleingeschnittenen Äpfel. Alles wird gar gekocht. Abgeschmeckt wird mit Salz. Mit gewiegter Petersilie kommt das Gericht auf den Tisch.

Bremer essen nicht nur freitags Fisch – oder: Wie es in Bremen wegen eines Hechtes zur Vertreibung des Adels kam

Der Fisch, wir wissen es, hat die Geschichte der guten Stadt Bremen in vielerlei Hinsicht entscheidend beeinflußt. Und wenn es auch nur eine freundliche Sage ist, daß auf der Flucht befindliche Fischer in einer stürmischen Nacht einer Glucke und ihren Küken folgten und so – als erste Siedler – die Bremer Düne erreichten, so dürfen wir doch annehmen, daß sich die ersten Bremer ihr „täglich Brot" in der Tat aus der Weser geholt haben.

Denn der Strom gab reichlich ab von seinen Schätzen. Er hatte auch genug davon. Noch im Jahre 1653 hieß es in einem Bericht von Merian, daß die Weser sehr fischreich sei und „von allerhand Gattung geschmackhafter Fische" morgens und mittags „zur Markte getragen werden".

Bremen war – und ist es ja mit seinem Fischereihafen in Bremerhaven auch heute noch – eine bedeutende Fischhandelsstadt. Und kein vernünftiger Mensch wird sich daher wundern, daß der Fisch oft genug auch eine politische Rolle gespielt hat.

Es ist zum Beispiel eine weithin bekannte Tatsache, daß der Adel im herkömmlichen Sinne in Bremen (wie auch in den anderen Hansestädten) überhaupt keine Rolle spielt. Wenn vom Adel die Rede ist, dann kann eigentlich nur der königliche Kaufmann gemeint sein. Aber daß dieses in Bremen so ist, hat – wenn man so will – ein Hecht zustande gebracht. Dazu muß man wissen, daß es um 1300 herum in Bremen zu allerlei unerquicklichen Szenen kam, weil die adeligen Familien immer übermütiger wurden, nicht nach Recht und Anstand fragten und es zuließen, daß ihr zügelloser Nachwuchs die Stadt mit Mord, Gewalttaten aller Art und frechen Ausschweifungen erfüllte. Ja, die Dreistigkeit dieser

Leute ging so weit, daß sie sich das Vorkaufsrecht auf dem Markt bis zu einer gewissen Stunde des Tages anmaßten.

Nun hatte eines Tages ein adeliger Bürger namens Arend von Gröpelingen, der mit dem Verhalten seiner Standesgenossen absolut nicht einverstanden war, zum Kindtaufschmause auf dem Markt einen ungewöhnlich großen Hecht gekauft. Und während er ihn nach seinem Hause nahe der Stadtwaage in der Langenstraße trug, wurde er von einem Angehörigen der den Adel repräsentierenden Rathspartei, welcher Götje Frese hieß, angesprochen und aufgefordert, ihm den begehrenswerten Fisch unverzüglich abzutreten. Arend von Gröpelingen wies die Dreistigkeit entschieden zurück, gebrauchte wohl auch Worte, die ihm den Beifall der lauschenden Menge eintrugen, jedenfalls vergaß Götje Frese den Vorfall nicht. Und als Arend wenig später schwer erkrankte, stürzte Frese mit ein paar Mordgesellen in sein Haus und tötete ihn, wobei auch ein Diener des Gröpelingers, der seinen Herrn schützen wollte, indem er sich über ihn warf, durchbohrt wurde. Der Grabstein des Herrn von Gröpelingen und seines treuen Dieners befindet sich heute im Focke-Museum.

Die Schandtat aber des Götje Frese blieb nicht ungesühnt. Die Bremer waren es endgültig leid, sich von einer Minderheit, mochte sie so adelig sein, wie sie wollte, terrorisieren zu lassen. Mit zwei Bannern vorneweg zogen schwer gerüstete redliche Bürger und Rathmänner zum Markte, und der Adel tat gut daran, so schnell wie möglich zu verschwinden.

Das also ist die Geschichte von dem Hecht, der das Ende des Bremer Adels einleitete.

Vom Hering wissen wir, daß die Deutsche Hanse ihm ihre höchste Blüte ebenso verdankte wie ihren Niedergang, nachdem er sich aus den Fanggebieten der Hansebrüder zurückgezogen hatte. Bei der Bergenfahrt, in der die bremische Flotte um 1600 herum die jeder anderen Stadt übertraf, ging es nicht zuletzt um den Dorsch, der – gekrönt – den Wappenstein der bremischen Bergenfahrer ziert.

Zu den wichtigsten Ausfuhrgütern der Stadt gehörten lange die bis nach Rom berühmten Neunaugen, für deren Export es im 18. und 19. Jahrhundert besondere Verordnungen gab. Die Mitglieder der „Societät der Neunaugenbrater" wurden mitsamt ihren Frauen vereidigt. Sie hatten besondere Rechte, standen aber auch in der Pflicht, keine Neunaugen als Weser-Neunaugen zu versenden, die nicht in der Weser gefangen worden waren. Der „Beeidigte Neunaugenbrater" war noch bis zur Mitte des vorigen Jahrhunderts ein angesehener Mann.

Mit den Neunaugen freilich endete auch die große Zeit der bremischen Flußfischer, die im Fischeramt zusammengeschlossen waren und deren Fischereirechte auf das Jahr 1489 zurückgingen. Weserkorrektion, Dampfschiffahrt und die zunehmende Verunreinigung des Weserwassers haben dann den Niedergang der Amtsfischer herbeigeführt. Vom Amtsfischerhaus in der Großenstraße 77, das während des Zweiten Weltkrieges zerstört wurde, konnte die Fassade gerettet werden. Sie schmückt heute die Front eines Hauses im Schnoorviertel.

Wenn das Gespräch auf Matjes kommt, werden die Vegesacker richtig arrogant

Wenn es um den Hering geht, dann fühlen sich die Vegesacker zuständig; denn lange Zeit war in Vegesack ein nicht unwesentlicher Teil der deutschen Heringsloggerflotte beheimatet. Und aus dieser Zeit mag auch die selbstverständlich unbewiesene, allerdings auch unwidersprochen gebliebene Behauptung der Vegesacker stammen, nur sie verstünden es, mit dem Hering umzugehen und ihn in wahrhaft erlesene Gerichte zu verwandeln.

Kommt nun aber gar die Rede auf Matjes, dann kriegen die Vegesacker einen richtig arroganten Zug um den Mund, was eigentlich gar nicht zu ihnen paßt. Aber in Sachen Matjes, da sind wirklich nur sie kompetent; und es ist in der Tat nicht zu bestreiten, daß Vegesacker Matjes als eine besondere Delikatesse galten, weit über Bremen hinaus, und heute noch gelten, obwohl die Vegesacker Loggerfischerei längst nicht mehr existiert. Aber es gibt immer noch Vegesacker, die jedenfalls wissen, wo man besonders gute Matjes einkaufen kann.

Als Matjes bezeichnet man den jungen und noch nicht laichreifen Hering. Sein Name stammt aus dem Niederländischen, wo junge Mädchen als Meisjes bezeichnet werden. Seine Zeit ist der Frühsommer, und viele Bremer pflegen den Brauch, gute Freunde zum ersten Matjes einzuladen.

Traditionell werden zum Matjes grüne Bohnen und die ersten neuen Kartoffeln gereicht, als Pellkartoffeln, versteht sich. Dazu gibt es Specksoße. Getrunken werden zum Matjes Bier und Korn. Nach Holland hin orientierte Bremer nehmen auch gern Genever, lassen dann aber das Bier weg, weil sich Bier und Genever nicht besonders gut vertragen.

Persönliches Verhältnis

Der Seeschriftsteller Dr. Arnold Rehm, den sie auf den Schiffen und an der Küste in von ihm gern geduldeter Vertraulichkeit allgemein „Sir Arnold" nannten, war in den Aufbaujahren nach 1945 einige Zeit persönlicher Referent des damaligen Bremer Wirtschaftssenators Hermann Wolters. Und in dieser Eigenschaft wurde ihm die seinem Naturell in schönster Weise entsprechende Aufgabe übertragen, den alljährlich ermittelten Heringskönig zu inthronisieren.

Bei diesem Heringskönig handelte es sich um den Kapitän des in der jeweiligen Saison erfolgreichsten Heringsloggers, wobei noch einmal beiläufig darauf hingewiesen werden soll, daß Vegesack zu jener Zeit einer der bedeutendsten Loggerhäfen in Deutschland war.

Es verstand sich von selbst, daß Arnold Rehm die Gelegenheit nicht ausließ, sich vor und nach der feierlichen Krönung ausgiebig mit dem tüchtigen Kapitän zu unterhalten, ein Vorgang, der nicht ohne die dazu erforderlichen geistigen Getränke abgewickelt wurde. Und in diesem privaten Rahmen pflegte „Sir Arnold" dann auch stets die Frage an den Heringskönig zu richten, wie er selbst es denn mit dem Matjes halte, der ja – mit Pellkartoffeln, Speckstippe und grünen Bohnen – zu dem Feinsten zähle, was der norddeutsche Tisch zu bieten habe.

Meistens bekam Arnold Rehm auf diese Frage hin leuchtende Kapitänsaugen zu sehen und die von ihm auch erwartete Versicherung zu hören, daß es ein schlechter Logger-Kapitän sein müsse, der nicht immer ein Faß auf See gekehlter und gesalzener Heringe an Bord hätte.

Einmal aber geschah Unerwartetes. Der eben noch seiner großartigen Fangleistung wegen hoch gelobte Kapitän schüttelte auf die Frage nach seinem eigenen Herings- beziehungsweise Matjeskonsum ganz energisch den Kopf und sagte: „Ich und Hering? Wissen Sie, Doktor, ich will den dscha gern fangen. Und da leb' ich dscha auch von. Aber essen? Nee, Doktor, an Hering geh' ich nich ran! Dazu hab' ich da'n zu persönliches Verhältnis zu."

Zum Matjes gehören junge Kartoffeln

Matjes auf Schwarzbrot und mit Zwiebelringen belegt ist ein sehr gutes Essen, das jedoch von Bremern, die einer verfeinerten Lebensweise anhängen, nur als Vorspeise akzeptiert wird.
Ich glaube, das folgende Rezept habe ich von der Kräutertante, von Frau Espersen aus Habenhausen, die in den sechziger Jahren ihren Stand auf dem Domshof hatte:
Zwei Pfund grüne Bohnen, frisch vom Markt, werden mit zwei Zweiglein Bohnenkraut gegart. Zwei Pfund Pellkartoffeln werden mit etwas Kümmel und Salz gekocht, junge Kartoffeln müssen es natürlich sein. Und während Bohnen und Kartoffeln auf dem Herd stehen, werden 200 Gramm Speck langsam ausgelassen. Über die fertigen Bohnen wird zerlassene Butter gegeben. Die Matjesfilets – pro Person sollten es mindestens drei sein – werden auf Eis gelegt und mit Zwiebelringen belegt. Und so werden sie auf den Tisch gebracht.

Wie man einen Heringsalat auch machen kann

Es wird Ihnen die vorsichtige Formulierung der Überschrift zu diesem Heringsalat-Rezept nicht entgangen sein. Sie erwies sich jedoch als notwendig, weil gerade beim Heringsalat die Ansichten über eine richtige Zubereitung hart aufeinanderprallen können. Ich habe bei meinen Recherchen auch festgestellt, daß hier nicht so sehr regionale Besonderheiten eine Rolle spielen, ja, daß nicht einmal Familienrezepte eine Chance haben, eine Generation zu überdauern. Beim Heringsalat entscheidet der individuelle Geschmack der Hausfrau – und nicht selten entscheidet die Eingebung eines Augenblicks darüber, wie der Heringsalat schmecken wird.

Bei unserem Heringsalat brauchen sie für einen auf vier Personen berechneten Salat folgende Zutaten:
250 Gramm Rote Bete (möglichst frisch gekocht – sie dürfen aber auch aus dem Glas sein).
  5 mittelgroße Gewürzgurken
100 Gramm Sellerie (siehe Rote Bete)
  1 großen Apfel
  3 Salz- oder Bismarckheringe (es kann auch die entsprechende Zahl Matjesfilets sein)
  1 Glas Kapern
250 Gramm Rindfleisch (Kochfleisch oder Schmorbraten)
  3 hartgekochte Eier
  3 Eßlöffel Mayonnaise
  1 Eßlöffel Joghurt

Alle Zutaten werden in sehr kleine gleichmäßige Würfel geschnitten. In einer großen Schale wird alles miteinander vermischt. Mayonnaise und Joghurt werden zuletzt dazugegeben. Der Salat wird zum Durchziehen an einen kühlen Ort gestellt. Er hält sich ein paar Tage.

Ein gebackener Hecht, der es mit der historischen Wahrheit nicht so genau nimmt

Als Arend von Gröpelingen seinen Hecht nach Hause trug, da wird er dies in schöner Vorfreude auf kommende Genüsse getan haben (sonst wäre es ihm der Fisch ja auch wohl nicht wert gewesen, den Fehdehandschuh des Götje Frese aufzunehmen).
Leider kennen wir das Rezept nicht, nach dem im Hause des Herrn von Gröpelingen Hecht zubereitet wurde. Aber nun hat Frau Roselotte Döll aus Oberneuland vor einiger Zeit in alten Papieren ein Hechtrezept gefunden. Sie hat es ausprobiert, und die ganze Familie ist begeistert. Sogar die aus Frankreich stammende Schwiegertochter, die ja – wie alle Franzosen – den Küchenkünsten der Deutschen mit höflichem, aber doch kaum verhohlenem Mißtrauen gegenübersteht.
Wir könnten nun natürlich schlankweg behaupten, das Hecht-Rezept von Frau Döll sei so alt, daß es mit an Sicherheit grenzender Wahrscheinlichkeit schon dem alten Gröpelingen bekannt gewesen sei. Aber wir müssen Sie darauf aufmerksam machen, daß es in diesem Falle ein Hecht wäre, der es mit der historischen Wahrheit nicht so genau nimmt. Denn zu diesem Hecht gehören Kartoffeln. Und die gab es im 14. Jahrhundert noch nicht.
Und dieses ist das Rezept: Den Hecht vom Kopf bis zum Schwanz auf dem Rücken (also oben) etwa einen Zentimeter tief mit einem spitzen Messer aufschneiden. Tatar-Käse und Butter eindrücken, bis die Rille ausgefüllt ist. Darüber etwas Wein gießen und salzen. Den Hecht in den Ofen stellen (bei 200 Grad). Damit er nicht umfällt, sollte man ihm rohe Kartoffeln unter den Bauch legen. Etwas Wasser, Tatar-Käse oder Butter und etwas Knoblauch und Sahne auf das Blech rühren. Und dann braucht man ihn nur noch eine halbe Stunde im Ofen zu lassen.

Stint, Stint, Stinkfisch . . .

Der Stinte Schicksal war es, daß sie in ungeheuren Massen auftraten. Wenn sie zur Laichzeit die Weser hinaufschwammen, zogen die Neustädter Jungs noch zu Beginn unseres Jahrhunderts mit Eimern an den Strom, die sie nur kurz ins Wasser zu halten brauchten, schon hatten sie ihr Mittagessen beieinander. Und nicht von ungefähr trägt die Stintbrücke ihren Namen. Dort nämlich verkauften die Fischer ihre Waren.
Ein Fisch, der so häufig vorkommt, kann keinen besonderen Ehrenplatz auf der Tafel des Bürgers beanspruchen, auch dann nicht, wenn er ein Mitglied der reputierlichen Lachsfamilie ist. Es kommt aber noch hinzu, daß der Stint nicht besonders fein riecht, ja, Generationen von Küstenbewohnern haben keinen Zweifel gelassen, daß sie den Stint für einen Stinkfisch halten.
Die Holländer nennen ihn „Stinkvisch", in Bremen sprach man vom „Stinklachs", und die Bremer Jungs sangen: „Stint, Stint, Stinkfisk, stinkst al, wen du levendig bist!"
Diese zweifellos unangenehme Eigenschaft hat die Bremer aber niemals davon abhalten können, sich von Zeit zu Zeit eine Stintmahlzeit zu gönnen, wobei die Stinte nach alter Weise sternförmig mit den Köpfen nach außen in der Pfanne gebraten werden. Als Bratenfett gehört Butter in die Pfanne. Serviert werden die Stinte mit Kartoffelsalat.
Die Stinte waren übrigens, nachdem sie sich in den Hungerjahren nach 45 noch einmal nützlich gemacht hatten, aus unseren Flüssen fast verschwunden. Erst in letzter Zeit gehen sie den Fischern wieder häufiger ins Netz.

Wie sich die Stinte in die Bremer Geschichte drängelten

Man mag es ein wenig verwundert zur Kenntnis nehmen, erstaunlich aber ist es nicht, daß es an der Weser einmal eine Burg gegeben hat, die Stinteburg genannt wurde.

Es gab da einen Erzbischof namens Johann von Slamstorp, der in den Jahren 1406 bis 1420 amtierte und sozusagen einen Zwei-Fronten-Krieg führte. Nämlich gegen seine Bremer, die ihm zu eigenständig wurden und ihre Städter-Nasen nach seinem Empfinden zu hoch trugen, und gegen die Wurster Bauern, die sich ihm absolut nicht unterordnen wollten.

Johann von Slamstorp, der vorher Propst von Rüstringen gewesen und wohl mit einiger Bauernschläue gesegnet war, beschloß, die Sache mit einem einzigen Kraftakt aus der Welt zu schaffen und Bremer wie Wurster zur Raison zu bringen. Er ließ an der Geestemündung, wo heute Bremerhaven liegt, eine Burg bauen. Sie sollte ihm eine Kontrolle der Unterweser – mithin des Bremer Schiffsverkehrs – ermöglichen. Und die Wurster Bauern, meinte er, würden schon kuschen, wenn eine feste Burg in ihrer Nähe stand.

In Bremen aber nahm man die Sache offenbar nicht besonders ernst, und man erzählte sich, daß die Stinte, die damals das Gros der Weser-Bewohner ausmachten, neugierig ihre Köpfe aus der Weser gereckt hätten, um nach dem absonderlichen Bauwerk zu schauen.

Es nahm dann auch kein gutes Ende mit der Burg. Zuerst störten die Wurster Bauern das Unternehmen mit kleinen, aber sehr wirksamen Überfällen. Und dann verbündeten sich die Bremer mit den Grafen von Hoya und Delmenhorst und setzten den Erzbischof derart unter Druck, daß er auf die Stinteburg verzichtete.

Stint-Rezepte aus alten Kochbüchern

Dieses sind zwei Rezepte von Henriette Davidis, die zu den Klassikern unter unseren Kochbuchautorinnen gehört.

Stinte zu kochen. Nachdem sie geschuppt, das Eingeweide mit dem Kopf herausgezogen, die Fische gut gewaschen und auf einen Durchschlag geschüttet sind, werden sie in gesalzenem kochenden Wasser unter stetem Schäumen einige Minuten gekocht. Dann gießt man etwas kaltes Wasser hinzu und richtet die Fische sogleich mit gekochten, recht heißen Kartoffeln, Butter, Senf und einer sauren Eiersauce an.

Für die saure Eiersauce nimmt man ein Viertel Liter kaltes Wasser, welches mit so vielem Essig vermischt ist, daß die Sauce die gewünschte Säure erhält. Hiermit rührt man drei Eidotter und einen Teelöffel Mehl an, gibt reichlich ein halb Ei, dick Butter, auch Muskatnuß, und wenn die Butter schwach gesalzen ist, etwas Salz dazu und läßt die Sauce auf hellem Feuer unter fortwährendem Schlagen mit einem Schaumbesen bis vors Kochen kommen, nimmt sie schnell vom Feuer und rührt sie noch einige Augenblicke, damit sie nicht gerinne, indem man noch ebensoviel rohe Butter stückweise hinzufügt.

Anmerkung der Autorin zu den Stinten: Die Stinte sind häufig mit Würmern versehen und bedürfen daher eines aufmerksamen Auges.

Stinte zu backen. Sie werden wie im Vorhergehenden vorgerichtet, gut gewaschen, auf den Durchschlag mit feingemachtem Salz durchstreut, in Mehl umgedreht, in reichlich gutem, kochend heiß gemachten Fett gelbbraun und kroß gebacken. Kartoffelsalat ist passend dazu.

Anmerkung der Autorin: Die Stinte sind trockene Fische, deshalb gehört zum Backen derselben viel Fett, da sie in der Pfanne zusammenkleben, so können sie wie Pfannkuchen umgewendet werden.

Zusätzliche Tips von Betty Gleim

Die Bremer Kochbuch-Autorin aus dem Jahre 1808 weist darauf hin, daß bei zu kochenden Stinten Milch und Rogen nicht entfernt werden dürfen. Die Kochzeit gibt sie mit drei Minuten an. Betty Gleim reicht die gekochten Stinte mit Petersilienbutter und Senf. Beim Braten von Stinten rät sie, darauf zu achten, daß die Stinte während des Bratens zugedeckt werden, weil sie sonst hart werden.

Eine kleine Lektion darüber, daß der Butt keine Scholle ist – was der Butt selbst aber auch nicht immer so genau weiß

Nee, min Jung, nu mußt das mal nich allens durch-'nanner bringen: Ne Scholle is ne Scholle, und'n Butt is'n Butt. Aber wenn du willst, dann kannst den Butt auch Flunder nennen.

Diese Lehrstunde wurde unlängst einem in der Fisch-Genealogie nicht ganz sattelfesten Kunden eines Bremer Fischgeschäftes zuteil, nachdem er Butt verlangt und Schollen gemeint hatte, was zu einer leichten Sprachverwirrung führte.

Früher war das kein Problem. Da kannte man sich aus. Da kamen die Fische lebend auf den Markt und wurden erst in der Küche von der sachkundigen Hausfrau abgemurkst. Es gab keine Hausfrau, die nicht wußte, wen sie da vor sich liegen hatte.

Heute ist das anders. Da kaufen viele Leute Fischstäbchen oder Fisch-Vierecke aus dem Tiefkühlfach, und die Frage, ob sie Goldbarsch essen oder Kabeljau, Heilbutt oder Scholle stellt sich ihnen gar nicht mehr. Man mag das bedauern. Zu ändern ist das wohl nicht.

Aber, sehen Sie, da schweifen wir schon vom Thema ab; denn die Rede ist ja nicht vom Fisch schlechthin. Die Rede ist von den beiden Plattfischen Butt und Scholle, von denen manche Leute glauben, sie seien ein- und dasselbe.

Der Butt, auch Flunder genannt, Rauhflunder, Struffbutt, Graubutt, Sandbutt, lebt in den Küstengebieten, versteckt sich im Watt. Und vielleicht haben Sie schon von den sogenannten Buttpettern an der ostfriesischen Küste gehört. Die gehen bei Ebbe hinaus und stöbern den Butt in seinem Versteck auf, um dann ganz schnell „zuzupetten", das heißt, ihren nackten Fuß auf ihn zu stellen, damit er nicht entwischen kann. Dann brauchen sie den zappelnden Fisch nur noch unter ihrem Fuß hervorzuholen.

Der Butt ist etwas kleiner und schlanker als die Scholle. Er hat rauhe Schuppen. Seine Farbe ist dunkelolivgrün bis graubraun mit orangegelben Flecken.

Die Scholle, kompakter und größer, ist weiter draußen zu Hause, verlebt allerdings ihre Jugendzeit im Küstengebiet. Und das bekommt ihr gar nicht gut; denn da gilt sie als eine begehrte Beute der Fischer. Die Leute an der Küste kriegen verzückte Augen, wenn sie an die „Maischolle" denken, wie sie die junge Scholle nennen.

Schollen werden vorzugsweise gebraten gegessen, begleitet von Kartoffelsalat oder – sehr viel feiner – von Salzkartoffeln mit Buttersauce. Manchmal wird gebratenes Schollenfilet mit gerösteten Krabben und zerlassener Butter bedeckt und mit Salat und Petersilienkartoffeln gereicht. Ein richtiger Schollen-Kenner allerdings würde sich niemals Schollenfilet zubereiten lassen. Die Scholle gehört ganz auf den Teller.

Sollte es Ihnen übrigens mal passieren, daß Sie Butt und Scholle miteinander verwechseln – machen Sie sich nichts daraus. Die beiden Fische selbst nehmen es auch nicht so genau. In der Ostsee werden gelegentlich Fische gefangen, die halb Butt und halb Scholle sind, was – zumindest auf dem Gebiete der Fortpflanzung – auf eine großzügige Auslegung der Familienzugehörigkeit schließen läßt.

Fischerlatein

„Wie fängt man eigentlich Schollen?" fragte ein wissensdurstiger Binnenländer unlängst bei Natusch in Bremerhaven den Fischdampferkapitän Kröhnke, der nur mal für ein Bier und „um'n büschen seine Ruhe zu haben" vorbeigekommen war.

Kapitän Kröhnke guckte, nachdem er begriffen hatte, daß er gemeint war, erstmal eine Weile in sein Glas und meinte dann: „Och, dascha man einfach. Wir machen das immer nachts, und da brauchen wir nur ne Taschenlampe und'n Wecker zu."

„Ne Taschenlampe und'n Wecker?" staunte der Binnenländer. „Das versteh' ich nicht."

„Na, und natürlich'n Boot, dascha klar", ergänzte Kapitän Kröhnke seine Ausführungen.

„Ja, ja, das versteh' ich", sagte der Binnenländer. „Das mit dem Boot, ja. Aber das andere?"

„Na", meinte Kröhnke und plierte dem Ober zu, „denn will ich Ihnen das mal verklar'n. Das ist nämlich so, daß man mit dem Boot rausfährt. Und draußen läßt man die Lampe leuchten und richtet ihren Schein auf den Wecker, den man dabei ganz vorsichtig über die Reeling hält, nich. Und dann braucht man nur noch zu warten. Dann kommen nämlich die Schollen und wollen gucken, wie spät es ist. Und man braucht sie nur noch zu greifen."

Und nachdem er rasch einen Schluck Bier getrunken hatte, fügte Kapitän Kröhnke hinzu: „Natürlich fängt man auf diese Weise nur die großen Schollen, weil die kleinen die Uhr dscha noch nich kennen."

Als das Dienstpersonal in Bremen keinen Lachs mehr essen wollte

Feinschmecker pflegen heutzutage die Augen zu verdrehen, wenn vom Lachs die Rede ist, und jeder Küchenchef, der auf sich hält, hat seine besondere Art, mit dem Lachs umzugehen. Es gab freilich Zeiten, da ging der Lachs den Bremern so zahlreich ins Netz, daß das Gesinde der feinen Bremer vor allzu häufigem Lachsgenuß geschützt werden mußte.

Adam Storck schildert uns das in seinem im Jahre 1822 erschienenen Buch über Bremen so:

„Die Weserlachse, die jetzt so selten und theuer sind, waren vormals in großer Menge, so daß eine Verordnung vom Rath soll erlassen worden seyn (die ich aber nicht gesehen habe), welche den Herrschaften vorschreibt, wie oft nur in der Woche sie ihrem Gesinde Lachs zu essen geben dürften, weil wahrscheinlich dieses sich über das Zuviel beschwert hatte. Solche Verordnungen sollen auch in Schottland erlassen worden seyn. Im Jahre 1644 zeigte sich eine solche Menge dieser Fische in der Weser, daß oft auf einen Zug hundert Stück gefangen worden, und zwei Pfund mit einem Schilling bezahlt wurden."

In einer Anmerkung fügt Storck hinzu, daß die in Schottland erlassene Verordnung bestimmt habe, dem Gesinde sei „nur" fünfmal die Woche Lachs zu geben.

Der Doktor Heineken hat sich in seinem acht Jahre später erschienenen Buch über Bremen etwas vorsichtiger über die Lachsverordnung ausgedrückt. Er wies auf die Fischarmut in der Weser hin und fuhr fort: „In früherer Zeit scheint der Lachs hiervon eine Ausnahme gemacht zu haben, indem es selbst gesetzlich bestimmt wurde, daß er nicht mehr als zweimal wöchentlich aufgetragen werden durfte, jetzt ist er indessen so selten geworden, daß er nur bei Schmausereien auf der Tafel der Reichen als ein Leckerbissen erscheint."

Gegen Ende des vorigen Jahrhunderts hat es dann noch einmal eine Lachsschwemme in der Weser gegeben. Die Fischer Klevenhusen und Dunker, die bei Gröpelingen fischten, und die Fischer Schulz und Hilgerloh, die ihr Revier bei der Pauliner Marsch hatten, holten täglich bis zu 20 Lachse aus der Weser, keinen unter 20 Pfund. Der Preis für Lachs fiel fast um die Hälfte von 2,50 auf 1,50 Mark.

Aufgeklärt

Die Frage nach dem Geschlecht eines Fisches wird in kulinarisch gebildeten Kreisen gemeinhin nicht diskutiert, weil sie für den Geschmack eines Gerichtes unerheblich ist.

Es löste daher unter den ebenso feinsinnigen wie auf gutes Benehmen bedachten Teilnehmern eines Essens in der Langenstraße leichtes Befremden aus, als die Tochter des Gastgebers, acht oder neun Jahre alt, den ihr vorgelegten gedünsteten Lachs mit dem Ausruf begrüßte: „Oh, das ist ja ein Mädchen!"

Das darauf folgende Schweigen wurde durch einen Onkel des Kindes unterbrochen, von dem bekannt war, daß er einer recht offenherzigen und unkomplizierten Ausdrucks- und Lebensweise huldigte. Der nämlich fragte: „Woran erkennst du denn, daß das ein Mädchen ist."

Und er erhielt die Antwort: „Das sieht man doch. Es ist ja rosa."

Das Lachs-Rezept, mit dem sich Schiffskoch Riepenhusen bei den Passagieren der „Europa" sehr beliebt gemacht hat

Der Küchenchef Riepenhusen von der „Europa" benötigt:
 2 Lachsseiten (frisch)
25 Gramm Salz
35 Gramm Zucker
 2 Wacholderbeeren
sehr viel frische Dillspitzen
 3 bis 4 Tropfen Öl

Die beiden Lachsseiten werden mit den angegebenen Zutaten bestrichen und fest aufeinandergelegt. Sie bleiben 24 Stunden liegen.

Die dazu gereichte Sauce besteht aus einem Drittel Butter, einem Drittel Öl und einem Drittel frischer Sahne. Das alles wird mit einem Achtel Liter Sahne, mit Zucker, Senf und viel Dill aufgeschlagen.

Granaaat! – Von der Verwendbarkeit der Granatschale und einer grammatikalischen Kontroverse mit dem Duden

Der Granatmann gehört bei den älteren Bremern und Bremerhavenern zu den unauslöschlichen Kindheitserinnerungen.

Gemütlich zog er mit seinem Handwagen oder mit einem Karren durch die Straßen und ließ sein unverwechselbares „Granaaat!" ertönen, wobei dem Unkundigen gesagt werden muß, daß die vier „a" einigermaßen stark zum „o" hin tendieren. Aber richtig nach „o" klingen sie auch nicht.

Noch bis vor einigen Jahren hat in der Bürgermeister-Smidt-Straße in Bremerhaven, die Bremerhavener sagen „Bürger" dazu, eine Granattante mit ihrem Wagen gestanden. Aber die ist nun auch schon weg. Und manche Leute wissen heute gar nicht mehr, wie frische Granat schmecken. Sie kennen nur gefrostete, und die schmecken manchmal ganz verteufelt nach nichts.

Wie ganz frische Granat schmecken können, das habe ich in den Jahren nach dem Kriege erfahren. Wir hatten da so eine Beziehung. Das war ein Fischer in Schmarren, nördlich von Bremerhaven. Der fuhr noch mit dem Hundeschlitten hinaus, bei Ebbe. Der hatte seine Reusen im Watt liegen, und wir wußten schon, wann er zurückerwartet wurde. Ich fuhr mit dem Fahrrad dorthin und kam meistens zurecht, wenn die Granat gekocht wurden.

Ich kaufte manchmal dreißig bis vierzig Pfund, und die wurden dann zu Hause im großen Familienkreis ausgepult, wobei es einige von uns zu beachtlicher Fertigkeit brachten. Wir verwendeten aber nicht nur das Granatfleisch. Die Granatschale wurde in einem riesigen Topf ausgekocht. Ich habe nie in meinem Leben wieder eine so würzige und leckere Brühe getrunken.

Merkwürdigerweise war in unserem Sprachgebrauch Granat immer weiblichen Geschlechts, die Granat, was natürlich falsch ist; denn man braucht ja seine Nase nur in den Duden zu stecken, um zu erfahren, daß der Granat männlich ist. Aber vielleicht hatte der Buchhändler Heinrich Fink aus der Hafenstraße in Bremerhaven-Lehe recht. Der alte Herr, der längst nicht mehr unter den Lebenden weilt, hatte jahrelang als königlicher Hofbuchhändler in Kairo gelebt und sich dort vorzugsweise in diplomatischen Kreisen bewegt, ehe er – bei Ausbruch des Krieges im Jahre 1939 – nach Wesermünde-Lehe verschlagen wurde. Heinrich Fink sagte: „Hier sprechen die Leute ein schlechtes Deutsch!" Und als Beispiel nannte er immer: „Wenn die irgendwo darumherum gehen, dann sagen sie: Ich geh da umzu!" Und er schüttelte den Kopf und wunderte sich, daß so kulturlose Menschen tatsächlich von Zeit zu Zeit auf den Gedanken kamen, bei ihm ein Buch zu kaufen.

Auch mit der Granat-Mehrzahl standen wir auf dem Kriegsfuß. Für uns war alles Granat; denn Granate pflegen stets in Massen aufzutreten und wurden von uns infolgedessen als Einzahl behandelt. Soviel zur Grammatik.

Doch nun zu dem Namen an sich, mit dem möglicherweise schon Hannoveraner oder Husumer nichts anfangen können. Denn was die Bremer Granat nennen, das heißt andernorts Garnelen oder Krabben und an der schleswig-holsteinischen Nordseeküste sprechen sie von Porren. Die Engländer sagen übrigens Shrimps, die Franzosen Crevette. Aber, Granat, nicht wahr, klingt doch am schönsten. Wenn wir Kinder früher den Granatmann hörten, dann pflegten wir auf sein „Granaaat!" im Chor zu antworten: „Smiet up de Straat!" Und nun versuchen Sie mal, einen so schönen Vers auf Krabben zu finden. Oder gar auf Shrimps oder Crevette! Gibt's nicht!

Unterschiedliche Wirkung

Ein Bremer Außenhandelskaufmann, der es im Laufe seines Lebens in einem bedeutenden Unternehmen seiner Branche zu einer angesehenen Position gebracht hatte, war nach dem Erreichen der Altersgrenze in den wohlverdienten Ruhestand entlassen worden. Und unversehens war er damit in jene Jahre geraten, da der Mensch Zeit hat, über sich selbst nachzudenken und mit nicht geringem Erschrecken bemerkt, daß er die Freuden des Daseins nicht mehr in vollen Zügen genießen kann, sondern nur noch häppchenweise – wenn überhaupt.

In diesem Sinne jedenfalls vertraute sich der Pensionär, den wir diskret Herr X. nennen wollen, eines Vormittags bei einem Frühschoppen im Ratskeller einem Freund an, dem er sich seit seiner Schulzeit eng verbunden fühlte. Und dieser Schulfreund, der aus gegebenem Anlaß ebenfalls damit beschäftigt war, seine Rolle als Mensch zu überdenken, begriff auf der Stelle die Sorgen des anderen und meinte, indem er einen tiefen Blick in seinen Frankenwein warf: „Du mußt Granat essen."

Mit allen möglichen heißen Tips hatte Herr X. wohl gerechnet. Aber nicht mit diesem. Und so fragte er denn mit dem Ausdruck höchsten Erstaunens: „Granaat?"

„Und ob", erwiderte der Schulfreund. „Weißt Du denn nicht, daß Granat ein Aphrodisiakum sind?" Diese direkte Frage wurde natürlich nicht beantwortet; denn die beiden Herren waren sich stillschweigend einig darüber, daß die Grenzen der Offenherzigkeit damit eigentlich schon ein bißchen überschritten waren. Und überhaupt, was sollte man dazu in diesem Stadium auch noch sagen.

Einige Wochen später aber drängte es den Schulfreund doch, vielleicht auch zum eigenen Nutzen, einen Lagebericht zu erhalten. Er fragte: „Na, wie ist das denn nun mit den Granat?"

Und treuherzig antwortete Herr X.: „Och, da kann ich eigentlich gar nichts zu sagen. Mir schmecken sie ja, und am liebsten eß ich sie mit Schwarzbrot und Butter. Aber meine Frau, wenn die abends so zwei bis drei Pfund Granat ausgepult hat, dann fängt sie an zu gähnen und sagt: 'Iß Du man Deine Granat. Ich geh' schon ins Bett.' Und so schnell kann ich gar nicht essen, wie die eingeschlafen ist."

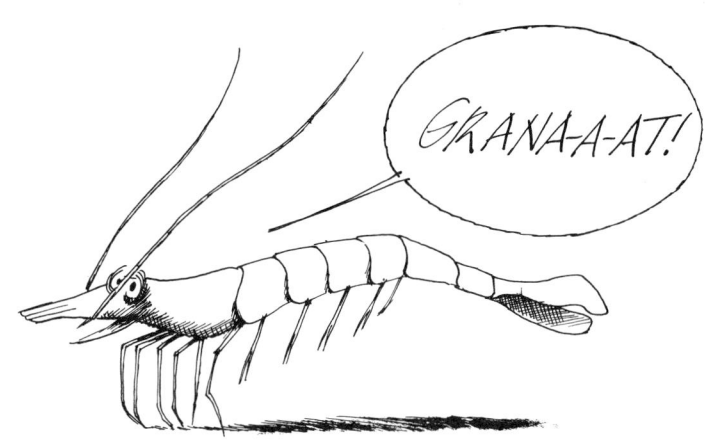

Wie und mit was dazu die Bremer Granat essen

Kenner behaupten, Granat schmecken am besten, wenn man sie sich frisch aus der Tüte in den Mund pult.

Aber das schickt sich ja nicht immer, und so wird denn auch gern empfohlen, Granat auf ein dick mit Butter bestrichenes Stück Schwarzbrot zu legen, wozu ein Glas Kornbranntwein empfohlen wird.

Das Bremer Frühstück, von dem noch die Rede sein wird, besteht unter anderem aus einem Zwieback, auf dem sich ein Berg Granat wölbt.

Aber Granat schmecken auch sehr gut in Verbindung mit Rührei und mit Spargel. Und es gibt sehr ernst zu nehmende Bremer, die angesichts einer Portion Granat sogar Hummer stehen lassen.

Müllbeseitigung

Es war in der ersten Hälfte des vorigen Jahrhunderts, als von einer diskreten Müllbeseitigung, wie wir sie heute kennen, noch nicht die Rede sein konnte, wodurch manchen Leuten kleine Verlegenheiten nicht erspart blieben. Wer nämlich seine häuslichen Abfälle vor die Tür stellte, um sie gelegentlich fortschaffen zu lassen, der gab sie mangels schützender Gefäße zugleich auch den Blicken seiner Nachbarn preis.

Der Reeder und Schiffsführer Hinrich Eggers, der hatte sich ja nun auf seinen ausgedehnten Reisen ins Ausland, fernab jeglicher Kontrolle durch mißgünstige Freunde und Nachbarn, so sehr an die Genüsse des Lebens gewöhnt, daß er darauf auch zu Hause nicht mehr verzichten wollte. Dazu gehörte unter anderem ein unstillbarer Appetit auf Austern, die freilich mit dem Fehler behaftet waren, daß man ihre Schalen nicht ohne Umständlichkeit beseitigen konnte und daher stets riskierte, von aufmerksamen Nachbarn eines ausschweifenden und infolgedessen nicht ganz seriösen Lebenswandels bezichtigt zu werden.

Das schien aber Hinrich Eggers nicht zu stören. Er gönnte sich seine Austern, so oft er nur konnte, und teilte den Genuß nicht selten mit seinem besten Freund, mit Hermann Höpken, von dem er keine Indiskretionen zu erwarten hatte.

Eines Tages nun, nachdem die beiden Herren herzhaft zugelangt hatten, meinte Hermann Höpken: „Nun haben wir ja schon so manches schöne Austernessen hinter uns, Hinrich, und was deinen Rüdesheimer betrifft, alle Achtung. Aber ich komm da und komm da nicht hinter, wo du die Austernschalen immer läßt."

Hinrich Eggers konnte nicht umhin, ein bißchen in sich hineinzuschmunzeln. Dann zog er erstmal ganz bedächtig an seiner Brasil und sagte: „Das ischa ganz einfach, Hermann. Die Schalen, die laß ich immer von Lina, was unser Mädchen is, bei Könemann vor'e Tür werfen. Der freut sich doch, wenn er für liquider gehalten wird als er is."

Von der Unbegreiflichkeit, daß die Hamburger Aalsuppe berühmter ist als die der Bremer

Einmal im Jahr, mindestens, gehen die Bremer Aalessen. Nicht allein, sondern in fröhlicher Gesellschaft. Mit Kollegen, Freunden oder Verwandten. Und es gehört zu den unerklärlichen Wesensmerkmalen bremischer Lebensart, daß diese Aalessen grundsätzlich – von unbedeutenden Ausnahmen vielleicht abgesehen – auf dem linken Weserufer stattfinden. Vorzugsweise an der Ochtum. Dort, im Schutze der Deiche, liegen die traditionellen Aal-Kneipen, in die es den Bremer zieht, wenn ihm allein schon bei dem Gedanken an „Aal satt" das Wasser im Munde zusammenläuft.

Der Aal ist ein traditioneller Fisch der Bremer. Die Bremer Amtsfischer besaßen schon im Mittelalter das verbriefte Recht, Aale zu fangen, was mit Körben und Reusen geschah, aber auch mit mehrzinkigen Gabeln, die zum Aalstechen benutzt wurden. Die Bremer Aalsuppe gehörte einst zu den kulinarischen Höhepunkten einer bremischen Mahlzeit. Und man hüte sich, diese Köstlichkeit mit der Hamburger Aalsuppe zu vergleichen, die zwar – zugegebenerweise – berühmter ist als die Bremer, dafür aber süß-sauer zubereitet wird, was für die Geschmacksnerven vieler Bremer eine höchst verwerfliche holsteinische Unsitte darstellt. Östlich der Elbe werden aber noch ganz andere Dinge süß-sauer zubereitet.

Unter einem Aalessen versteht man heutzutage in Bremen entweder, daß Räucheraal serviert wird, oder Brataal. Räucheraal, mit Schwarzbrot und Butter gereicht, sollte nicht mit Messer und Gabel gegessen werden, sondern mit den Händen. Man löst zunächst die Haut des Aales unterhalb seines Kopfes, nimmt den Kopf in die linke Hand und zieht dem Aal mit der rechten Hand die Haut ab. Dann nimmt man den Aal in beide Hände und führt ihn – links der Kopf, rechts der Schwanz – zum Mund. Es empfiehlt sich, das Essen immer wieder einmal zu unterbrechen, um mit einem Schnäpschen für das erforderliche Gleichgewicht im Magen zu sorgen. Es gehört im übrigen zu den soliden Erkenntnissen der Bremer, daß Aal nicht zu dick sein darf und auch nicht zu lang, wenn er gut schmecken soll.

Gebratener Aal wird meistens mit Salzkartoffeln und zerlassener Butter gegessen. Dazu wird Bier getrunken, und das in nicht geringen Mengen, ein Tatbestand, der zu der weitverbreiteten Ansicht beigetragen hat, daß es beim Aalessen im allgemeinen höchst vergnüglich zugeht.

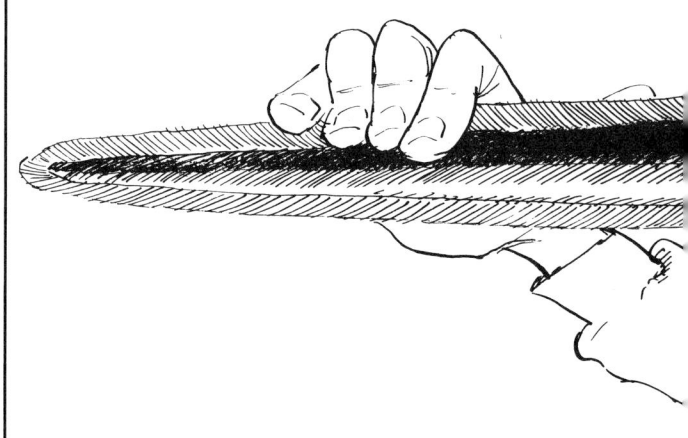

Unerheblich

Sein Urteil über einen Gastwirt und dessen Etablissement in der Nähe von Bremen faßte ein Bremer Kaufmann mit folgenden Worten zusammen: „Also, die Kneipe ischa man'n büschen schmuddelig, und von'n Gemütlichkeit kannst schon gar nich reden. Lauter Plastik. Und der Kerl ischa eintlich auch'n widerlichen Menschen. Mault vor sich hin. Is schon zuviel, wenn du'n Bier von ihm eingeschenkt haben willst. Na ja, und das Essen ischa auch nich doll. Nur der Aal, also, Kinners, über den Aal geht nix. Und darum laß ich mich da auch gar nich mit durch: Ich geh da immer wieder hin."

Betty Gleims Aalsuppe

Die Aale, welche man zu dieser Suppe nehmen will, dürfen nicht gar zu klein seyn. Man läßt dieselben erst in Salz todtlaufen, wirft sie alsdann nach und nach in heißes Wasser, worin man sie einige Augenblicke liegen läßt: darauf werden sie rein abgeschabt, in Stücken geschnitten, und mit Salz bestreuet. Unterdessen läßt man nicht zu grobe Hafergrütze ziemlich dick kochen, und giebt in feine Würfel geschnittene Wurzeln, fein gehackte Petersilie, Thymian, Meiran (Majoran), – von allen diesen Sachen eine reichliche Portion – und etwas Butter daran. Wenn die Hafergrütze gahr ist, schüttet man die wohl gesalzenen Aale hinein, und läßt sie, mit der Suppe, noch eine kleine halbe Stunde, oder, so lange, bis sie völlig gahr sind, durchkochen.

Der geizige Koch schummelt beim Labskaus mit Roter Bete

Labskaus ist ein Seemannsgericht aus der Zeit der langen Reisen, als die Segelschiffe oft monatelang unterwegs waren, ohne den Proviant auffrischen zu können. Der Smutje, auf Haltbares angewiesen, kochte abwechselnd Arfken mit Speck und Speck mit Arfken (Erbsen mit Speck und Speck mit Erbsen), und wenn er gut gelaunt war, griff er in die Tonne mit dem Pökelfleisch.

Denn Pökelfleisch ist eine Grundsubstanz des Labskausgerichts. Und dieser Zutatenhinweis wird sicherlich nirgendwo an der deutschen Küste bis zu zehn Kilometer hinter den Deichen Widerspruch erregen (im Binnenland hält man Labskaus sowieso für ein mit Kartoffeln verlängertes Cornedbeefessen).

Es gehört dennoch ganz ohne Frage zu den riskantesten Unternehmungen eines Rezept-Autors, über die Zubereitung eines Labskaus-Gerichts zu schreiben. Denn jeder Küstenbewohner, der auf sich hält, hat sein ganz spezielles Labskaus-Rezept, und er ist nicht bereit, ein anderes als auch nur halbwegs genießbar anzuerkennen. Meistens hat es ihm irgendein altgedienter Schiffskoch verraten, und wenn der dann auch noch „beim Lloyd" fuhr, ist sowieso nichts zu machen – jedenfalls nicht in Bremen und Bremerhaven, wo generationenlang über den Lloyd gar nichts mehr kam. Nur noch der liebe Gott. Genau genommen kann man Labskaus aber zubereiten, wie man will. Den geizigen Koch jedoch erkennt man daran, daß er unter das Fleisch und die Kartoffeln Rote Bete schummelt, damit die Labskaus-Masse kräftig rot wird und nach ordentlich viel Fleisch aussieht. Der faule Koch (und – wie oben erwähnt – der Binnenländer) nimmt statt Pökelfleisch, das man heute beim Schlachter eigens bestellen muß, Cornedbeef, das meistens nach Dose schmeckt, dafür aber nicht mehr durch den Wolf gedreht zu werden braucht. Der altmodische Koch aber, der nimmt überhaupt kein Fleisch. Der nimmt Stockfisch. Aber auf den pflegen heutige Mägen – bei aller Liebe ihrer Besitzer zu seemännischen Gepflogenheiten – etwas beleidigt zu reagieren.

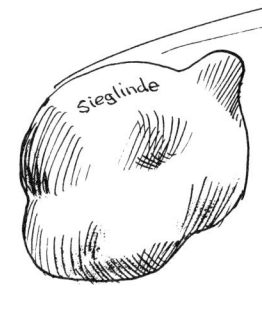

Kostprobe

"Labskaus?" sagte Emil Sengstake und schüttelte sich. *"Nee, wenn der nich von meiner Erna ist, dann geh ich da nich ran. Da probier ich immer nur von. Und eh' ich dann raus habe, was da an fehlt, ist der Teller leer."*

Hinderliche Bildung

"Für Labskaus hab' ich nicht viel übrig", pflegte ein wegen seiner umfassenden Bildung hochgeschätzter und überdies den Genüssen seiner Heimat sehr verbundener Bremer zu erklären. *"Und ich will Ihnen auch sagen, warum. Labskaus kommt entweder aus dem Norwegischen. Da bedeutet es Stockfisch mit Kartoffeln. Und Stockfisch kann ich nicht ab. Oder es kommt aus dem Englischen. Da heißt es ‚lob's course', und das bedeutet Mahlzeit eines Tölpels. Und das bin ich nicht."*

Ein Labskaus-Rezept mit einer aus triftigem Grunde ziemlich langen Einleitung

Dieses ist mein ganz persönliches Labskaus-Rezept, über das ich mich vor ein paar Jahren mit dem unvergessenen Seeschriftsteller Dr. Arnold Rehm unterhalten habe. Er galt in Labskaus-Fragen als Autorität; denn er hatte ein längeres Gedicht über dieses Seemannsgericht verfaßt, das ihm während einer langen Fahrenszeit zu einem vertrauten Freund geworden war. Als er hörte, daß ich Matjes zum Labskaus esse, schüttelte er ein bißchen indigniert den Kopf und fragte: „Matjes? Warum das denn?" Ich antwortete ihm: „Aber Doktor, warum denn nicht?" Worauf er bedächtig meinte: „Ja, da haben Sie nun auch wieder recht."

Ich habe dieses schöne Beispiel großzügiger Toleranz ganz bewußt an den Anfang meines Labskaus-Rezeptes gestellt – in der Hoffnung, daß es all jene, deren Labskaus-Rezepte ganz anders sind, von Protestkundgebungen irgendwelcher Art abhalten möge.

Und das brauche ich für mein Labskaus: eineinhalb Pfund gepökeltes Rindfleisch, etwa zwei Pfund Kartoffeln, ein Pfund Rote Bete, vier Zwiebeln, Pfeffer, Essig und Wasser, eineinhalb Teelöffel fein gewürfelten Meerrettich, Salz und Zucker, fünf Gewürzgurken, acht Matjesfilets, zwei Äpfel und vier Eier.

Und so bereite ich es zu, wobei ich vorweg eines zu beachten bedenke: Labskaus sollte am Tage vorher zubereitet werden. Es hat mit Sauerkohl gemeinsam, daß es aufgewärmt am besten schmeckt.

Das Pökelfleisch muß eineinhalb Stunden kochen, gleichzeitig werden die Kartoffeln aufgesetzt und die Rote Bete in kochendem Salzwasser etwa eineinhalb Stunden gegart.

Fleisch, Kartoffeln und drei Zwiebeln werden durch den Fleischwolf gedreht. Alles wird gut miteinander vermengt, gepfeffert und mit Pökelbrühe geschmeidig gerührt. Danach wird das Labskaus bis zum nächsten Tag kalt gestellt. Ebenso eine Salatsoße aus je einem halben Liter Essig und Wasser, einer gewürfelten Zwiebel, dem feingewürfelten Meerrettich und Salz und Zucker nach Geschmack. Die Soße wird über die noch lauwarmen und in Scheiben geschnittenen Rote Bete gegeben.

Am nächsten Tag wird eine gewürfelte Gewürzgurke in das Labskaus gerührt. Alles wird erhitzt. Die Matjesfilets werden mit Apfel- und Zwiebelscheiben belegt, aufgerollt und mit Stäbchen zusammengehalten. Das Labskaus wird auf vorgewärmte Teller gefüllt und garniert mit Roter Bete, Gurken, Matjes und Spiegeleiern.

Curry – oder:
Die Sache mit dem Feuerschlucker

Das Seemännische kommt ja immer wieder durch. Auch und vor allem im Kulinarischen. Und die Weltoffenheit der Bremer findet ihre Bestätigung und ihren geschmacklichen Ausdruck unter anderem darin, daß sie weltferne Spezialitäten kurzerhand adoptiert und zu landesüblichen Genüssen erklärt haben.

Curry-Gerichte zum Beispiel sind typisch bremisch und nicht nur auf das alljährlich in der Oberen Rathaushalle stattfindende Festmahl des Ostasiatischen Vereins beschränkt. Curry-Gerichte gehörten schon vor fünfzig Jahren und mehr in Seemannsfamilien zum Küchenrepertoire. Und an Bord Bremer Schiffe sind sie sowieso eine Selbstverständlichkeit.

Kapitän von Neuhoff von dem Passagierschiff „Europa" pflegt seine Ankunft an Bord stets mit den beiden Fragen einzuleiten, erstens, ob der Suppenkoch da sei, und zweitens, wann es denn endlich mal wieder Curry Huhn gäbe. Es gibt natürlich immerzu Curry Huhn an Bord der „Europa". Aber Kapitän von Neuhoff kann gar nicht genug davon kriegen.

Was mich betrifft, so muß ich gestehen, daß mir bei meinen Begegnungen mit Curry-Gerichten niemals eine gewisse Enttäuschung erspart geblieben ist. Aus meiner frühesten Kindheit erinnere ich mich, daß man mich anhielt, nur rasch mit Messer und Gabel essen zu lernen, weil ich dann meinen Vater an Bord seines Schiffes besuchen und mit ihm zusammen in der Offiziersmesse essen dürfe. Und mein Vater stellte mir zusätzlich in Aussicht, daß es dann ein Curry-Gericht gäbe, und das sei so scharf, daß es wie Feuer im Munde brenne.

Ich habe später mehrfach das Vergnügen gehabt, meinen Vater auf seinen Schiffen zu besuchen. Und ich habe auch etwas zu essen bekommen. Aber aus irgendwelchen Gründen gab es niemals ein Curry-Gericht. Lange nach dem Kriege bekam ich es zum ersten Male in meinem Leben zu essen und – war enttäuscht. Denn es schlugen mir gar keine Flammen aus dem Mund, wie ich es eigentlich erwartet hatte.

Und sie werden es nicht glauben, es geht mir auch heute noch so, daß ich meine Gabel nach einem Curry-Essen mit dem etwas faden Gefühl aus der Hand lege, daß meine Erwartungen nicht erfüllt worden sind. Und wann immer ich einen Feuerschlukker sehe, verbindet sich damit die Vorstellung von einem Curry-Essen, wie es – nach Auskunft meines Vaters – früher zubereitet wurde, und wie es heute, in unserer verweichlichten Zeit, nicht mehr serviert wird.

Spannende Lektüre

Ein Bremer Handelsherr, dessen Namen nicht zu nennen wir gebeten worden sind, gehört seit Jahr und Tag zu den sogenannten Repeatern auf dem Fahrgastschiff MS „Europa" von Hapag-Lloyd, das ja, wie jeder heimatbewußte Bremer weiß, in Bremen beheimatet ist.

Repeater nennt man an Bord von Fahrgastschiffen jene Leute, die man andernorts als Stammgäste bezeichnen würde. Der bewußte Bremer Handelsherr bucht manchmal vier Reisen hintereinander, und es gehört längst zu den schönen Gepflogenheiten, daß er zu Beginn einer jeden Reise von Küchenchef Riepenhusen nach irgendwelchen besonderen Wünschen gefragt wird.

Das geschah auch zu Beginn eines Mittelmeer-Törns, nachdem Genua eben achteraus am Horizont verschwunden war, und der Handelsherr zeigte sich wie üblich angenehm berührt von der Fürsorge, die ihm an Bord des vertrauten Schiffes zuteil wurde.

Er sagte: „Na, Herr Riepenhusen, das ist ja nett, daß Sie mich nicht vergessen haben. Und hinsichtlich des Essens hat sich bei mir überhaupt nichts verändert. Ich muß immer noch ein bißchen Diät leben, und da nehmen Sie ja freundlicherweise auch immer Rücksicht drauf. Aber einen Wunsch hätte ich doch. Nämlich Sie sammeln doch bestimmt Ihre schönen Speisekarten. Und da wollte ich Sie bitten, ob Sie mir die mal ausleihen könnten. Denn wenn ich all die feinen Sachen auch nicht essen darf – ich les' sie nun mal für mein Leben gern."

Kochkunst

Der Reis war man schon etwas muffig, und das Hühnerfleisch hatte auch all'n büschen lange gelegen, zwei unbestreitbare Tatbestände, die den Ersten anläßlich einer Kücheninspektion und im Hinblick darauf, daß man sich mit dem Dampfer „Porta" fernab jeglicher Einkaufsmöglichkeit mitten auf dem Atlantik befand, doch etwas bedenklich stimmte.
Der Smutje allerdings sah die Dinge gelassen. „Machen Sie sich da man nix draus, Steuermann", tröstete er den Ersten. „Ich hau' da'n orntlichen Schlag Curry ran. Dann merkt das kein Mensch."

Curry Huhn – eine innige Verbindung aus Heimatliebe und unstillbarem Fernweh

Für Küchenchef Riepenhusen von MS „Europa" ist die Sache klar: Curry Huhn ist entstanden, weil die Seeleute in der Ostasienfahrt auf ihr traditionelles deutsches Essen nicht verzichten wollten, auf das vertraute Huhn nämlich, und weil sie andererseits das Exotische recht verlockend fanden. Tüchtige Schiffsköche mischten beides miteinander – sie haben sich damit einen Platz im Himmel verdient.

Riepenhusen braucht für sein Curry-Huhn-Essen gehackte Eier, Ingwer, Chutney, Rote Bete, Zwiebeln, Gurken, Bananen und Äpfel. Er setzt seine Sauce mit Butter an und braucht natürlich eine vernünftige Portion Currypulver. Und Huhn, versteht sich. Und wie er das nun macht und in welcher Reihenfolge, was unerhört wichtig ist, das wäre eine ganz, ganz lange Geschichte, die am Ende vielleicht sogar für den, der sie nachvollziehen will, enttäuschend ausgeht. Denn wie man ein richtiges Curry-Essen zubereitet, das kann man nicht aufschreiben, das hat man im Handgelenk. Und auf der Zunge.

Riepenhusen verfügt im übrigen über ein ganzes Curry-Huhn-Repertoire. Curry Huhn im Hongkong-Stil wird mit gebackenen Ananasringen garniert, zur indischen Art gehören kurz angebratene frische Mangos und zur malaiischen Art gebackene Bananen; außerdem muß die malaiische Art etwas schärfer angerichtet werden als die anderen.

Vom Krüselbraten – oder: als das elektrische Licht noch erst erfunden werden mußte

Der Krüselbraten ist ja nun ganz in Vergessenheit geraten, was aber nicht mit einer mangelhaften Qualität dieser kulinarischen Eigenart erklärt werden darf. Der Krüselbraten hängt vielmehr untrennbar zusammen mit der alten und heute kaum noch geübten Bremer Sitte, gegen Ende Oktober einen Ochsen zu schlachten, was in den Haushaltungen natürlich stets einem festlichen Ereignis gleichkam. Immerhin garantierte so ein Ochse, dessen Fleisch zu Würsten, Rauch- und Pökelfleisch verarbeitet wurde, volle Bäuche bis zum nächsten Sommer hin, und um nun auch Freunde und Verwandte an der familiären Freude teilnehmen zu lassen, wurde zum Krüselbraten eingeladen.

Es handelte sich dabei um einen Braten aus dem Rücken des Ochsen, um ein besonders gutes Stück also, das wichtige Rückschlüsse auf die Qualität des ganzen Tieres zuließ. Der Name Krüselbraten aber kommt vom Trankrüsel, der anläßlich dieses Essens zum ersten Male am Abend angezündet wurde. Auch das allein schon war in der von vernünftiger Sparsamkeit geprägten Welt unserer Vorväter ein Ereignis.

Knipp – ein Essen von den Resten, die beim Schweineschlachten anfallen

Zu den Merkwürdigkeiten bremischen Lebensstils gehört es, daß die Bremer, wie schon erwähnt, zum Fisch-, Aal- und Granatessen grundsätzlich links der Weser gelegene Gastwirtschaften aufsuchen, während sie sich zum Knippessen mehr nach Osten hin orientieren und ihre Stammkneipen in der Landschaft rechts der Weser haben. Um die Sache auf einen ganz einfachen geographischen Nenner zu bringen: Fisch, Aal und Granat gibt's an der Ochtum, Knipp gibt's an der Wümme.

Aber was ist nun Knipp, das ja sicherlich nichts mit der Knipptasch zu tun hat, die im „Kleinen plattdeutschen Wörterbuch" von Johannes Sass als niederdeutsche Bezeichnung für Geldtasche geführt wird. Knipp ist vielmehr eine sehr preiswerte Spezialität, die freilich nicht nur im Bremischen gern gegessen wird, sondern – unter anderen Namen – in fast allen Teilen Niedersachsens bekannt ist.

Hergestellt wird Knipp aus allerlei Resten, die beim Schlachten eines Schweines abfallen, und für die man häufig keine rechte Verwendung findet. Dazu gehören auch Kopf, Lunge und Herz, was dann – durch den Wolf gedreht und mit Hafergrütze und geheimen Gewürzen gut vermischt – in der Pfanne gebraten und mit Bratkartoffeln und Gurke (Genießer bevorzugen Apfelmus) gegessen wird.

Es versteht sich, daß man über die Frage der einzig richtigen Zubereitungsart des Knipp ebensowenig streiten kann, wie über die Frage, ob denn Knipp ganz kross gebraten werden muß oder ruhig ein bißchen weich bleiben darf. Allein bei Heino Geffken in der „Schleuse" am Wümmedeich sind Diskussionen darüber hundertfach und stundenlang geführt worden, ohne daß es dabei auch nur im geringsten zu einer Annäherung der Standpunkte gekommen ist. Am Ende kam dann meistens Heino Geffken mit der Flasche Bullenschluck und sagte: „So, Leute, nu geb' ich noch einen aus, und dann geht Ihr nach Hause. Ich muß nämlich ins Bett, und Ihr werdet mir morgen früh dankbar sein."

Abfall

„Eintlich is der Mensch ja'n Schwein", ließ sich Fritze Meyerhoff bei Heino Geffken in der „Schleuse" in Lilienthal vernehmen. „Kuck mich an! Ich ess ja nu für mein Leben gern Knipp. Und was is das in Wirklichkeit? Abfall vom Schwein."

Warum Heino Geffkens Freunde immer wieder zum Knipp-Essen in die „Schleuse" fahren

Ob uns Heino Geffken vom Gasthaus zur Schleuse wohl sein Knipp-Rezept verrät?
Mußt mal bedenken, der lebt doch davon, daß andere Leute das Knipp-Rezept nicht kennen und zu ihm kommen, wenn sie Hunger auf Knipp haben.
Heino Geffken aber sah darin überhaupt kein Problem. „Fast alle meine Freunde", sagte er, „haben irgendwann mal versucht, Knipp selbst zu machen. Und dann haben sie die Grütze anbrennen lassen und noch am selben Abend wieder bei mir in der Gaststube gesessen."
Und dieses ist Heino Geffkens Rezept:
Es ist berechnet auf fünf Pfund Knipp. Man braucht dazu einen halben Schweinskopf, etwa zwei bis drei Kilogramm, der vor allen Dingen frisch sein muß, und eineinhalb Pfund fette Bauchabschnitte (ohne Schwarte – die spritzt nämlich nachher in der Pfanne wie verrückt, während der Kopf, die Maske, wie der Schlachter sagt, ruhig mit Schwarte sein kann). Außerdem braucht man ein bis eineinhalb Pfund Hafergrütze.

Den Kopf und die Bauchabschnitte eineinhalb Stunden kochen lassen, wobei das Fleisch man eben mit Wasser bedeckt werden sollte. In der Brühe wird dann anschließend die Grütze gekocht, wobei es sich empfiehlt, die Brühe mit der Grütze in ein Wasserbad zu geben, weil die Grütze sehr leicht anbrennt. Man nimmt für ein halbes Kilogramm Grütze einen Liter Brühe. Es sollte also nicht zu flüssig sein. Die Grütze braucht etwa eine halbe Stunde und muß in dieser Zeit viel gerührt werden.
Das Fleisch wird durch einen Handwolf gedreht (mit Fünf-Millimeter-Scheiben). Es sollte noch heiß sein. Wenn die Grütze gar ist, wird sie mit dem Fleisch vermischt. Gewürzt wird pro Pfund mit fünf bis sechs Gramm Salz, etwa einem Gramm gemahlenen weißen Pfeffer und einem Gramm Piment.
Knipp sollte bald gegessen werden. Im Tiefkühlfach ist es etwa ein viertel Jahr, im Glas ein halbes Jahr haltbar.

Was Frau Saupe dazu veranlaßt, Rote Grütze als bremische Spezialität zu betrachten

Ungeachtet der Tatsache, daß die Rote Grütze ein Kind des gesamten mitteleuropäischen Nordens ist und eher mit Hamburg und Schleswig-Holstein in Verbindung gebracht wird, als etwa mit Bremen, haben wir es doch als unerläßlich gefunden, sie unserer Bremer Spezialitäten-Sammlung einzuverleiben, zumal Frau Saupe, die Obst- und Gemüsehändlerin aus der Georg-Gröning-Straße, erzählt, sie sitze im Sommer andauernd an der Schreibmaschine, um ihr ganz persönliches Rote-Grütze-Rezept für gute Kunden abzuschreiben, was ja auf ein gewisses Interesse schließen lasse.

Immerhin hat auch Betty Gleim in ihrem Kochbuch von 1808 eine Fülle von Fruchtsuppen und sogenannten Kalten Schalen zu Papier gebracht, wenn sie auch nicht ausdrücklich von Roter Grütze sprach. Und die Bremerhavenerin Luise Holle bezeichnet den Roten Frucht-Pudding in der 35. Bearbeitung des berühmten Kochbuches von Henriette Davidis als Rote Grütze, wenn auch in Gänsefüßchen.

Ihr Rezept lautet im übrigen so:

Frische Beerenfrüchte, wie Himbeeren, Johannisbeeren oder Brombeeren stellt man ohne Wasserzusatz eine Stunde in ein Wasserbad, damit sie Saft ziehen. Dem Saft von 1 1/2 l Beeren setzt man 1/2 l Rotwein zu, sowie 250 bis 300 g Zucker. Man quillt in der Flüssigkeit entweder 150 g Kartoffel- oder Reismehl, 100 g Stärke oder 100 g Sago aus, so daß man einen nicht zu steifen Fruchtbrei erhält, unter den man den Eiweißschnee von 4 Eiweiß zieht und unter den man gern noch 1/4 l eingezuckerte Erdbeeren mischt. Der Pudding wird in eine umgespülte Form gefüllt, nach dem Erkalten gestürzt und mit geschlagener Sahne, oder mit Vanillesauce, auch wohl mit dicker, mit Rotwein, Zucker und Rum schaumig geschlagener Sahnesauce gereicht.

Großzügiger Verzicht

Es war im Intercity zwischen Hamburg und Bremen, so etwa in Höhe Tostedt, wo sich zwischen einem Bremer, der nach Hause wollte, und einem Hamburger, der noch weiter nach Köln mußte, ein Gespräch entspann über die heimischen Spezialitäten. Und natürlich konnte sich der Hamburger die Frage nicht verkneifen: „Was gibt's bei Euch in Bremen denn schon Vernünftiges zu essen?" Was nun den Bremer aus begreiflichen Gründen in Harnisch brachte. Ohne Umstände fing er an, all das Bremische aufzuzählen, was ihm gerade in den Kopf kam: „Kohl und Pinkel, Bremer Kükenragout, Pluckte Finken, Bremer Klaben, Rote Grütze …". Halt! Stop! Hier unterbrach ihn der Hamburger und gab zu bedenken, daß Rote Grütze ein für allemal eine hamburgische Spezialität sei. Der Bremer überlegte einen Augenblick und meinte dann großzügig: „Na, gut, was die Rote Grütze betrifft, die könnt Ihr gern für Euch reklamieren. Deswegen essen wir sie doch. Und außerdem stammt sie aus Dänemark."

Kleine Anfrage

Gegen Ende eines aus vielen Gängen bestehenden und jeden normalen Magen überfordernden Essens, fragte Heinrich Sengstake, indem er seine von der überstandenen Anstrengung feuchte Stirn abwischte: „Wann gibt's denn den Nachtisch?"

Von der alle Gesetze der Schicklichkeit mißachtenden Liebe der Bremer zur Brat, Bock und Rost

Ortsfremde setzt es zuweilen in Erstaunen, daß auf dem Liebfrauenkirchhof zwei Wurstbratereien, im bremischen Jargon „Würstchenbude" oder „Würstchenstand" genannt, einträchtig nebeneinander existieren können. Sie übersehen natürlich, daß keine fünfzig Meter weiter, ebenfalls noch im Bereich der Liebfrauenkirche, ein dritter Wurstanbieter schwunghafte Umsätze tätigt. Und sie können nicht ahnen, daß sich allein auf dem knapp tausend Meter langen Weg vom Liebfrauenkirchhof bis zum Hauptbahnhof ein gutes halbes Dutzend weiterer Würstchenbuden befindet, die dem stadteinwärts oder stadtauswärts strebenden Bremer das beruhigende Gefühl vermitteln, im Falle einer plötzlich hereinbrechenden Hungersnot auf der Stelle eine Rettungsstation aufsuchen zu können.

Tatsache ist allerdings, daß die Bremer auch dann einen Würstchenstand aufsuchen, wenn von einer Hungersnot weit und breit nicht die Rede sein kann und sie selbst gerade vom Mittagessen kommen oder vom Frühstück oder vom Abendessen oder die Absicht haben, eine dieser regelmäßigen Mahlzeiten innerhalb der nächsten halben Stunde einzunehmen. Der Besuch des Würstchenstandes ist für viele Bremer ein unverzichtbarer Bestandteil ihres Aufenthaltes in der Innenstadt (ganz davon abgesehen, daß es natürlich auch in den anderen Stadtteilen und Außenbezirken von Bremen an Würstchenbuden nicht mangelt).

Das kulinarische Angebot der Würstchenbuden ist übrigens keineswegs auf Würstchen beschränkt, wie überhaupt die Verkleinerungsform der Wurst im Zusammenhang mit den Bremer Wurststationen völlig unpassend ist. Die Nürnberger Rostbratwürste und die Wiener Würstel mögen Würstchen sein. In Bremen klemmt man sich vernünftige Würste zwischen die beiden Hälften eines Brötchens und löffelt sich dazu einen ordentlichen Klacks Senf auf den Pappteller. Außerdem spricht man in Bremen sowieso nicht von Wurst. Man ißt „Bock", „Brat" oder „Rost", und über die Frage, ob „Brat" besser als „Bock" schmecken oder ob „Rost" die Königinnen der Würste seien, sollte man lieber nicht diskutieren, wie es auch wenig ratsam ist, etwa die Frage klären zu wollen, ob die „Brat" von Stockhinger besser schmeckt als die von Kiefert. Da geht eine Front quer durch Bremen – und manchmal quer durch die Familien. Und vielleicht liegt darin – ganz unbewußt – ein Grund für die enge Nachbarschaft der beiden Wurststationen auf dem Liebfrauenkirchhof. Dort kann jeder die „Brat" seiner Wahl essen, ohne sich vom anderen trennen zu müssen.

Im Grunde genommen ist der Würstchenstand eigentlich eine ganz und gar unbremische Einrichtung. Die Bremer, die sowieso schwer in ein öffentliches Gasthaus zu kriegen sind, stellen sich hier mitten in der Stadt mitten auf die Straße und kauen zufrieden an einer Wurst.

Ehrlich gesagt, eigentlich tut man das nicht. Und das tut man ja normalerweise auch gar nicht. Aber am Würstchenstand ist das etwas ganz anderes. Der Würstchenstand ist gesellschaftlich sozusagen ein exterritoriales Kommunikationszentrum, wo sich jeder neben jedem dem Vergnügen des Wurstgenusses hemmungslos hingeben kann.

Es heißt, an Bremer Wurstständen seien schon schicksalhafte Entscheidungen gefällt worden. Von Hans Hackmack jedenfalls, dem ersten und unvergessenen Verleger des Weser-Kurier, ist bekannt, daß er seine Nachtdienst-Redakteure nach Redaktionsschluß (damals gegen eins, halb zwei in der Nacht) noch schnell an einen Wurststand führte, wo dann die Ereignisse des Tages bekakelt und auch einmal persönliche Angelegenheiten zur Sprache gebracht wurden.

Welche Wirkung der Wurst auf das Gemütsleben der Bremer zugeschrieben wird, geht auch aus einer Episode hervor, die sich vor einigen Jahren in einem Geldinstitut in der Innenstadt abgespielt haben soll. Danach hatte sich einer der Angestellten von seinem unmittelbaren Vorgesetzten ungerecht behandelt gefühlt und war in seinem gerechten Zorn bis zur Chefetage vorgedrungen, um dort seinen ganzen Ärger und seine helle Wut abzuladen und dieses Werk dann mit einer Kündigung zu krönen.

Ehe er allerdings so richtig loslegen konnte, unterbrach ihn der Direktor mit einer beruhigenden Geste, langte in die Tasche, drückte dem Verdutzten eine Mark in die Hand und sagte: „Nun hören Sie mal eben zu, mein Lieber. Ehe Sie mir all die schlimmen Sachen erzählen, gehen Sie erstmal zu Kiefert oder meinetwegen auch zu Stockhinger und essen Sie eine Wurst. Kauen Sie aber schön langsam, weil sie Ihnen sonst nicht bekommt. Und dann kommen Sie wieder. Und dann reden wir in aller Ruhe über Ihre Angelegenheit."

Das Thema war dann später nur noch Gegenstand einer Unterhaltung zwischen dem Angestellten und seinem unmittelbaren Vorgesetzten, die ohne Zwischenfälle verlief und sogar recht freundschaftlich endete. Von einer Kündigung war nicht mehr die Rede.

Warum sich das Bremer Frühstück als Grundlage für den ganzen Tag eignet und Monsieur Voltaire seinem Geschmack ein schlechtes Zeugnis ausstellte

Die Bremer haben sich auf dem Gebiete des Essens und Trinkens stets dem gut hanseatischen Understatement verpflichtet gefühlt und das Volumen ihres Appetits als reine Privatsache betrachtet. Den Ruf, übermäßig große Esser zu sein, überlassen sie gern den Hamburgern, und sie haben nichts dagegen, wenn sich die Lübecker einer überdurchschnittlichen Trinkfestigkeit rühmen. Laß sie doch!
Vor diesem Hintergrund ist es auch zu verstehen, daß sich die Bremer eine Beschränkung in ihrer Ausdrucksweise auferlegen, wenn es etwa darum geht, auswärtige Gäste zu einem Essen einzuladen. Der Bremer Senat pflegt in solchen Fällen von einem „Frühstück" zu reden, und wehe dem Gast, der das wörtlich nimmt und – unter dem Eindruck des in vielen deutschen Hotels üblichen Frühstücks – mit einem pappigen Brötchen, ein paar verpackten Marmeladen und einem schon leicht abgestandenen und entsprechend abgekühlten Kaffee rechnet, was er zum Anlaß nimmt, vorher noch gut zu essen.
Das Bremer Frühstück des Senats jedenfalls besteht im allgemeinen aus mehreren sehr handfesten Gängen, die von anständigen Weinen begleitet werden.
Albert Henjes, der frühere Wirt des Deutschen Hauses am Markt, hat einmal einigen seiner Gäste demonstriert, was er unter einem Bremer Frühstück verstand. Er ließ Hackepeter und Beefsteakmett, Mett- und Leberwürste, Ammerländer und Holsteiner Schinken, Holländer, Schweizer, Tilsiter und Harzer Käse, gebratene und gekochte Eier, Rollmöpse, Lachs und allerlei Gesottenes auftragen, begleitet von reichlich Bier und Schnaps. Das Frühstück reichte für den ganzen Tag.
Ein Frühstück dieser Art hat in Bremen Tradition. Der Doktor Heineken hat darüber bereits in seinem Bremen-Buch von 1830 geschrieben:
„Das Frühstück, welches in der Regel zwischen 9 und 10 Uhr eingenommen wird, liefert abermals das beliebte Butterbrod aus Schwarzbrod, gewöhnlich wird indessen hierbei auch Waizenbrod gereicht; daß dabei der Schnaps nicht fehlen dürfe, ist wohl zu erwarten, in der Regel beschränkt er sich aber wohl auf ein mäßiges Glas reinen Kornbranntwein, auch nimmt nur das männliche Personale daran Theil, für den Hausherrn selbst wird daneben ein Stück Speck, Fleisch, Wurst oder dergleichen als angenehme Zugabe hervorgesucht."

Um den Appetit der Bremer richtig würdigen zu können, muß man natürlich wissen, daß diesem Frühstück ein oder zwei Stunden vorher ein erstes Frühstück mit Kaffee und Butterbrot voranging und schon um zwölf Uhr wieder Mittag gemacht wurde, wo es – wie Heineken berichtet – „an der Tafel an derber Kost nicht fehlen darf".
Heineken, der selbst Bremer war (er stammte aus einer Arztfamilie), hatte im übrigen nicht das geringste Verständnis für die Liebe der Bremer zu ihrem Schwarzbrot. Er schreibt: „Diese derbe Kost kann nur den kräftigen und von Jugend auf daran gewöhnten Verdauungsorganen zusagen", und der Arzt in ihm wird munter, wenn er an die möglichen Folgen allzu heftigen Schwarzbrotgenusses denkt. Er spricht von Verdauungsbeschwerden, Druck im Magen und will bei Säuglingen und Kindern, die mit Schwarzbrot ernährt wurden, ein Anschwellen der Drüsen des Unterleibes beobachtet haben.
Der Doktor Heineken befand sich mit seiner Kritik in bester Gesellschaft. Schon Voltaire hatte sich während einer Reise durch Nordwestdeutschland voller

Ekel abgewandt, als ihm Schwarzbrot angeboten wurde. Er sprach von einem „gewissen, harten, schwarzen, klebrigen Stein, der, wie man sagt, aus einer Art Getreidekörner gemacht wird". Und dem Belgier Justus Lipsius, der im 16. Jahrhundert als Professor unter anderem in Jena klassische Philologie lehrte, fiel beim Anblick des Schwarzbrotes ein: „Die Speise möchte ich nicht bloß barbarisch, vielmehr kaum menschlich nennen."

Die Bremer haben sich durch solche Gehässigkeiten niemals in ihrer Geschichte in die Irre führen lassen. Sie hielten ihrem Schwarzbrot die Treue. Es muß aber hinzugefügt werden, daß sie ihre Liebe nicht ausschließlich auf diese echt norddeutsche Backware konzentrieren.

Es ist noch gar nicht lange her, daß der Bremer Zwieback als Frühstücksgebäck beliebter war als das Brötchen. Bremer Zwieback ist ein rundliches und innen weiches Weizenbrot. Er enthält etwas Zucker und Fett, wird als „Einback" gebacken, durchgeschnitten und nochmals, also zwiefach, daher der Name Zwieback, geröstet. Alte Bremer gönnen sich gelegentlich zum Frühstück das berühmte Bremer Butterbrot, das aus einem halben, dick mit Butter bestrichenen Bremer Zwieback besteht, auf den ein tüchtiger Berg Granat gehäuft wird, den ein Spiegelei zudeckt.

Zu einem ordentlichen Bremer Frühstück gehören aber auch die Heißwecken, die eine für bremische Verhältnisse bemerkenswerte Geschichte haben. Wir kommen noch darauf zurück.

Über den Bremer Klaben, der zumindest an festlichen Tagen zu einem Bremer Frühstück gehört, soll gleichfalls an anderer Stelle ausführlich berichtet werden. Ebenso hat der Bremer Kaffee eine besondere Würdigung verdient. Und die soll er auch haben.

Pünktlichkeit

Zwei gewichtige Herren aus dem bremischen Wirtschaftsleben, deren Namen hier nichts zur Sache tun, hatten sich zu einem gemeinsamen Frühstück in der Meierei im Bürgerpark eingefunden, um bei einem ausführlichen Essen, zu dessen Begleitung sie Champagner gewählt hatten, private Freuden und ernsthafte Geschäftsgespräche sinnvoll miteinander zu verbinden.

Sie waren eben – nach Austern, geräuchertem Lachs, allerlei kaltem Fleisch und einem gebackenen Hähnchen – beim Käse angelangt und überlegten, ob sie sich eine dritte Flasche Champagner bestellen sollten, als einer der beiden Herren wie beiläufig seine Taschenuhr hervorzog und – nach eingehender Betrachtung des Zifferblattes – stirnrunzelnd aufblickte.

„Das mit der dritten Flasche", sagte er zu seinem Tischgenossen, „das wird nichts. Es ist viertel vor zwölf, und da kann nun kommen was will; ich muß weg. Um Punkt zwölf steht bei mir zu Hause das Mittagessen auf dem Tisch, und in all den Jahren, da ich nun mit meiner Else verheiratet bin, habe ich mich noch niemals zu einer Unpünktlichkeit hinreißen lassen."

Vorbeugung

Ein Handelsherr aus der Baumwollbranche, der zu fortgeschrittener Vormittagsstunde mit einem auswärtigen Gast beim Frühstück im Park Hotel saß und sich dabei herzhaft mit den angebotenen Würsten, mit dem Käse und dem Pflaumenmus beschäftigte, ließ sich – einen etwas irritierten Blick seines Gastes richtig deutend – wie folgt vernehmen: „Wissen Sie, ich brauch das. Wenn ich nicht richtig frühstücke, dann eß ich zu mittag immer so hastig. Und das is nicht gut für mein'n Magen."

Heißwecken erinnern daran, daß die Bremer vor Zeiten ausgelassene Karnevalisten waren

Die Bremer werden heutzutage gern als ein Volksstamm apostrophiert, der mit dem Fasching nicht das geringste im Sinne habe und traditionsgemäß lieber seinen Freimarkt feiere, als sich eine Pappnase ins Gesicht zu setzen.

So ganz stimmt das aber nicht; denn wenn auch die Faschingszeit tatsächlich im Geselligkeitskalender der Stadt eine untergeordnete Rolle spielt, so ist sie doch durchaus schon einmal von größerer Bedeutung gewesen. Ja, Adam Storck erzählt uns in seinem im Jahre 1822 veröffentlichten Buch über Bremen, daß die Fastnachtslust in Bremen sehr fröhlich gewesen sein müsse und bei der „herrschsüchtigen Geistlichkeit" erheblich Anstoß erregt habe. Wörtlich schreibt Storck: „In einer der Verordnungen des Raths aus dem 17. Jahrhundert, heißt es, daß da Christus und Belial (Name des Teufels) nimmer übereinkommen können, hiermit die aus dem Heidenthum herkommenden Larvereien, Saufereien und Zechungen verboten seyen."

Es ist uns aber aus der bremischen Fastnacht etwas geblieben, das – fernab aller sittlichen und sonstigen Ausschweifungen – zu den kulinarischen Herzensangelegenheiten der Bremer gehört. Es handelt sich um die Heißwecken, die einst ausschließlich am Fastnachtsdienstag gegessen wurden.

Man legte sie damals in einen Suppenteller, schnitt oben einen Deckel ab und füllte die Höhlung mit einem Stück frischer Butter, die mit Zucker und Zimt bestreut wurde. Danach wurde der Deckel wieder aufgesetzt und die Heißwecken mit heißer Milch übergossen.

Heute gelten Heißwecken als überaus willkommener Bestandteil eines Bremer Frühstücks. Sie werden im allgemeinen wie ein normales Brötchen behandelt und mit Butter bestrichen. Manchem Bremer gefällt es auch, eine halbe Heißwecke mit einer Scheibe Schwarzbrot zu vereinen, beides großzügig mit Butter bestrichen.

In einigen Teilen Bremens und Bremerhavens werden die Heißwecken auch Hedwig genannt, was freilich nichts mit einer jungen Dame dieses Namens zu tun hat. Hedwig ist eine Verballhornung des Begriffs „Hede Weggen", was ja nun nichts anderes heißt als heiße Wecken.

Wolfgang Otten verrät, wie er Hedwigs backt

Wolfgang Otten, Bäckermeister aus der Wachmannstraße in Bremen, hat sein Hedwig-Rezept vor einigen Jahren der Redaktion der Handelskrankenkassen-Zeitschrift „Blätter vom Wall" verraten. Er backt Hedwigs so:

Er nimmt (berechnet für 15 Heißwecken) 500 Gramm Mehl, 100 Gramm Hefe, 75 Gramm Fett, 50 Gramm Zucker, eine Prise Salz, etwas geriebene Zitronenschale, Rosenwasser, 200 Gramm Milch, 375 Gramm Rosinen und Zitronat.

Aus Mehl und Hefe wird ein Hefestück angesetzt. Nachdem die Masse aufgegangen ist, werden die übrigen Zutaten – mit Ausnahme der Rosinen und des Zitronats – dazugegeben. Unter den fertigen Teig werden dann die Rosinen und das Zitronat gemischt. Danach die Heißwecken ausformen und gehen lassen! Sie werden im vorgeheizten Ofen 15 bis 20 Minuten bei 220 Grad gebacken.

... die Nähmaschine geht nicht

Es gehörte zu den lange Zeit ungelösten Problemen meiner Kindheit, eine Verbindung herzustellen zwischen den von mir sehr geschätzten Hedwigs und dem damals viel gesungenen Lied „Tante Hedwig, Tante Hedwig, die Nähmaschine geht nicht". Und meine Frau erzählt, daß sie Ähnliches erfahren und erst sehr spät entdeckt habe, daß es überhaupt keine Verbindung gibt.

Sie erinnert sich aber auch, daß sie die Rosinen in den Hedwigs absolut nicht mochte. Einmal, als feiner und von ihr sehr geschätzter Übernachtungsbesuch im Hause war, ging sie vor dem Frühstück daran, alle Rosinen aus den vorhandenen Hedwigs zu entfernen, um den Gästen die Peinlichkeit des Rosinengeschmacks zu ersparen.

Über den weiteren Verlauf des Tages hat sie keine freundlichen Erinnerungen.

Der Butterkuchen –
ein treuer Begleiter der Bremer
durch alle Höhen und Tiefen
ihres Lebens

Der schöne Brauch unserer Urgroßeltern, nicht nur die Torbalken an ihren Häusern mit sinvollen Sprüchen zu bedecken, sondern damit zur optischen und geistigen Erbauung des Betrachters auch die Gerätschaften für den täglichen Gebrauch zu verzieren, hat uns in den Genuß eines Wortes kommen lassen, das sich auf einer Kuchenbackform fand: „Kuchen zum Leide und Kuchen zur Freude, Gottes Liebe send't alle beide."

Gottes Liebe sendet uns Leid und Freud. Und uns Norddeutschen hat Gottes Liebe außerdem den Butterkuchen beschert, der uns – treu und wohlschmeckend – durch alle Höhen und Tiefen des Lebens begleitet.

Ohne Butterkuchen können sich die Norddeutschen – mithin auch die Bremer – einen Feiertag nicht vorstellen (mit Ausnahme der Weihnachtsfeiertage, da in Bremen der Klaben regiert). Butterkuchen gibt es zur Kindstaufe und zur Konfirmation. Bei Hochzeiten trägt er zum Glück des Brautpaares und zur ungetrübten Freude der Gäste bei. Nach Beerdigungen hilft er – richtig gebacken – Verwandte, Freunde und Bekannte des zur letzten Ruhe Begleiteten über den ersten Schmerz hinweg. Und er tut's auch dann, wenn er nicht richtig gebacken worden ist, weil er den Hinterbliebenen ein ablenkendes Gespräch darüber ermöglicht, wie man ihn hätte besser backen können. Und wenn wir auch nicht verhehlen wollen, daß sich aus einer solchen Diskussion sehr schnell ein Streit entwickeln kann, der den Anlaß der Zusammenkunft zur Bedeutungslosigkeit schrumpfen läßt, so müssen wir dem Butterkuchen doch zugestehen, daß er beim nächsten Familientreffen durchaus die Rolle des versöhnenden Elements übernehmen kann.

Es steht jedenfalls außer Frage, daß der Butterkuchen eine der individuellsten Spezialitäten unseres Landes ist. Jeder backt ihn anders, und keiner backt ihn immer wieder gleich. Dr. Werner Kloos formuliert daher in seinem Bremer Lexikon auch sehr vorsichtig: „Butterkuchen, flacher Kuchen, bei dem der übliche Hefeteig bereits mit Butter geknetet, nach dem Auswellen mit Butterstückchen, Zucker, Zimt und Mandeln bestreut und dann gebacken wird."

Kinder lieben am Butterkuchen die süßen Butterlöcher. Großväter bevorzugen die Kantenstücke, die sie in ihren schwarzen Kaffee tunken. Eine meiner beiden Großmütter mochte Butterkuchen am liebsten, wenn er am Rand schon ein bißchen angebrannt war.

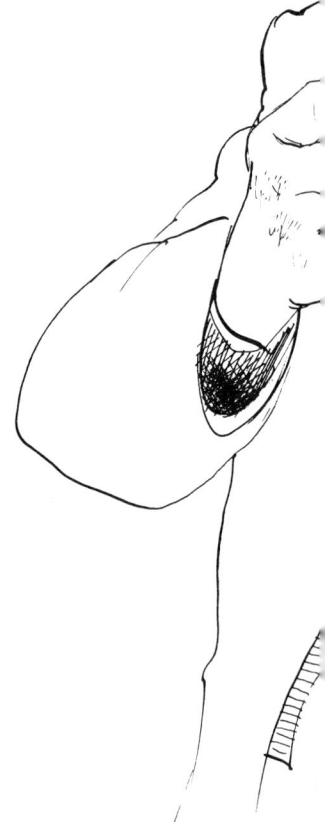

Am besten schmeckt der Butterkuchen warm aus dem Ofen

Sie braucht für den Teig 500 Gramm Mehl (Type 405), 80 Gramm Zucker, 100 Gramm Butter (geschmolzen), einen halben Teelöffel Salz, 50 Gramm Hefe, ein Ei, ein Achtel bis ein Viertel Liter Wasser (je nach Festigkeit des Teiges).

Für den Belag benötigt sie 100 Gramm Butter, 100 Gramm Zucker, ein Päckchen Vanillinzucker. Alle Kuchenzutaten sollten Zimmertemperatur haben.

Das Mehl wird in eine große Schüssel oder auf ein Brett gesiebt. In die Mitte wird eine Mulde gedrückt. Dahin wird die Hefe gebröckelt. Es wird etwas Zukker und etwas Wasser darüber gegeben. Hefe, Zukker und Wasser werden mit etwas Mehl verrührt. Alle anderen Zutaten werden auf das Mehl gegeben. Danach muß der Teig sehr gut durchgeknetet werden. Zugedeckt wird er so lange an einen warmen Ort gestellt, bis er doppelt oder dreifach aufgegangen ist. Auf einem gefetteten Blech wird der Teig ausgerollt. Dabei wird immer wieder mit einer Gabel in den Teig gestochen.

Danach werden die Butterlöcher in den Teig gedrückt und mit Butterflöckchen ausgelegt. Zucker und Vanillinzucker werden miteinander vermischt und gleichmäßig über den Teig gestreut. Einen Augenblick sollte der Teig noch aufgehen. Dann muß er für 10 bis 15 Minuten in den stark vorgeheizten Herd. Die Backzeit richtet sich nach der Beschaffenheit des Herdes. Am besten schmeckt der Kuchen warm aus dem Ofen.

Vom Geschmacksideal der Bremer und der merkwürdigen Verbindung des Klabens mit der Mettwurst

Deftiges und Süßes, beides von den Bremern über alles geliebt, bilden in innigem Miteinander die Grundvoraussetzung für den Klaben und erreichen in ihm das Geschmacksideal der Bremer schlechthin.

Und so ist es für einen Bremer auch ganz ausgeschlossen, sich ein Weihnachtsfest ohne Klaben vorzustellen, wobei stets soviel Klaben im Hause sein sollte, daß er bis Ostern reicht. Denn es ist natürlich ein richtiges Winterbackwerk, das den Körper mit den erforderlichen Wärmeeinheiten versorgt.

Der Bremer Klaben, früher auch „Kloben" genannt und von Anton Kippenberg als „schwerer Stollen" bezeichnet, wird nach vielerlei Rezepten zubereitet, wobei nur ein Detail von allen traditionsbewußten Klabenbäckern sorgfältig bedacht und eingehalten wird, daß nämlich das Verhältnis zwischen Teig und „Buntem" eins zu eins sein muß. Davon wird in keinem Haushalt und in keiner Backstube abgewichen. Und das hat Dr. Arnold Rehm auch gleich an den Anfang eines sehr langen Gedichtes über den Klaben gestellt:

Mein Kind, spricht Mutter, nimm fürs Erste
Nur Weizenmehl, und nicht von Gerste.
Zum andern, merk Dir dieses recht,
Der gute Klaben ist dann echt,
Wenn sich das „Bunte" ungequellt
Zum Mehl wie 1:1 verhält.

Das „Bunte" sind, wie sich der aufmerksame Leser sicherlich denken kann, die Zutaten. Bei Hanns Meyer besteht der Klaben aus „5 Pfd. Mehl, 1 1/2 Pfd. Butter, 1 Pfd. Schmalz, 2 Pfd. Rosinen, 1/2 Pfd. Korinthen, 3/4 Pfd. Zucker, 500 gr Hefe, 1 Ltr. Milch, 1/2 Pfd. Mandeln, 1/2 Pfd. Sukkade, etwas Cardamom, 1/16 Ltr. Rosenwasser, etwas Salz und drei abgeriebene Zitronen".

Bei Henriette Davisis schmeckt der Klaben, der seinen Namen nach seiner gespaltenen Form hat, etwas anders. Sie schreibt: „Zum Teig 3 Pfund gutes durchgesiebtes Mehl, 1 Pfund ausgewaschene Butter, 1 Pfund gewaschene Rosinen, welche womöglich ausgesteint und dann warm gestellt werden, 250 g durchgesiebter Zucker, 3/4 l warme Milch, 100 g Hefe, 1 Theelöffel Salz, Gewürz nach Gefallen. Zum beliebigen Füllen, wobei die Rosinen wegbleiben, 375 g gewaschene und erwärmte Korinthen, 125 g Zucker, 70 g langgeschnittene Mandeln, stark 30 g Succade." Bei Henriette Davidis erhält der Klaben im übrigen die Form eines Halbmondes, was ja wohl unnötig ist.

Zu den durchaus erfreulichen Eigenschaften des Klabens gehört die vielseitige Verwendbarkeit dieses Backwerks, das – immer in Begleitung einer guten Tasse Kaffee – ganz ohne was gegessen werden kann. Aber auch dick bestrichen mit Butter. Oder mit Schwarzbrot und Butter, was eine besondere und keineswegs allgemein geschätzte Geschmacksvariante vor allem dann ergibt, wenn man zwischen Schwarzbrot und Klaben auch noch ein Stück Mettwurst legt.

Bremer Babbeler – oder: Warum ältere Leute manchmal zu husten anfangen

Meine erste heimliche Expedition aus der Geborgenheit des häuslichen Spielhofes in die fremde Welt verdanke ich zwei großen Mädchen, welche Anneliese und Klara von Borstel hießen, die ganz unvermittelt – wir waren gerade beim Mutter-und-Kind-Spielen, und ich war „Waldi", der Hund, – ein unstillbares Verlangen nach Babbeler verspürten. Sie nahmen mich an die Hand, sagten, sie wüßten einen Laden, in dem es Babbeler zu kaufen gebe, Geld hätten sie auch, und zogen mit mir los, ohne meine Mutter zu informieren.

Ich mag damals drei oder vier Jahre alt gewesen sein. Wir wohnten im Bremerhavener Stadtteil Lehe, damals Wesermünde-Lehe, und der kleine Babbeler-Laden befand sich, wie ich mich erinnere, in der Hafenstraße, unweit der Aue, über die damals noch eine richtige Brücke führte. Heute, glaube ich, ist die Aue ganz und gar einbetoniert. Jedenfalls ist sie nicht mehr zu sehen.

Ich weiß, daß ich damals Schwierigkeiten hatte, das Wort Babbeler auszusprechen. Es wurde immer Babbelababb daraus (was es dann über viele Jahre auch blieb, weil es sich mir so eingeprägt hatte). Aber der Geschmack des Babbeler ist mir unauslöschlich in Erinnerung geblieben. Schon deswegen vielleicht, weil ich am Ende des unerlaubten Ausfluges, den Mund noch voller Babbeler, eine fürchterliche Tracht Prügel bezog.

Die Geschichte hat sich zu Beginn der dreißiger Jahre zugetragen. Aber schon damals war Babbeler eine alteingeführte Zuckerstangen-Spezialität im Bremischen, wozu das damals preußische Wesermünde denn wohl großzügig hinzugezählt werden darf. Dennoch: die Geschichte des Babbeler liegt weitgehend im Dunkeln, und selbst der sonst so erzählfreudige Dr. Werner Kloos hält sich in all seinen einschlägigen Veröffentlichungen zurück und beschränkt sich im Bremer Lexikon lediglich auf einen Pflichthinweis: „Babbeler, Bremer B., bräunliche Zuckerstange, eine brem. Spezialität, auch als Hustenmittel empfohlen." Selten erwischt man Werner Kloos bei einer so blutarmen Information.

Tatsache ist, daß es Babbeler nur in Bremen gibt. Drei Zuckerbäcker teilen sich den Markt. Es sind kleine Handwerksbetriebe, die von gelernten Bonbonmachern geführt werden. Das heißt, eigentlich heißen die Bonbonmacher heutzutage „Fachkraft für Süßwarentechnik". Aber Dietmar Uhlisch zum Beispiel, der Chef der Zuckerbäckerei Friedrich Germann, kann damit nicht recht was anfangen. Er fühlt sich als Bonbonmacher. Und das möchte er nun auch bleiben.

Der „echte Bremer Babbeler", offiziell als „sehr begehrtes, wohlschmeckendes Hustenbonbon" bezeichnet, weil die alteingeführte Aufschrift „gegen Husten und Heiserkeit" gegen das Arzneimittelgesetz verstößt, wird heute noch überall im Bremischen – aber eben nur dort – sehr geschätzt.

Von Kindern natürlich auch. „Aber die haben", sagt Zuckerbäcker Uhlisch, „ja soviel anderes". Vor allem sind es nämlich die älteren Bremer, die sich immer mal wieder Babbeler kaufen – und dafür die abenteuerlichsten Erklärungen finden. „Sehen Sie mal", sagt eine alte Dame. „Ich muß immer Babbeler im Haus haben – für meine Enkelkinder." Und ihr Mann zwinkert dazu mit den Augen und lacht sich eins. Und sie fährt auf ihn los: „Nu sei du mal ganz ruhig, Fritz. Du fängst doch immer an zu husten, wenn du mal'n Babbeler willst."

Sehen Sie, und so erklärt es sich, daß in Apotheken, Reformhäusern, Drogerien und Kaufmannsläden vor allem zur Winterzeit Babbeler-Saison ist. Da kommen die älteren Herrschaften und husten und sagen, sie müßten nun was dagegen tun, und am besten sei ja wohl Babbeler. Und auf diese Weise machen sie dann einen kleinen kulinarischen Ausflug in die Kindheit.

Vor Jahren ging mal ein Artikel über den denkmalgeschützten Laden von Wilhelm Holtorf am Ostertorsteinweg durch viele, viele Zeitungen in der ganzen Welt, sogar in China. Aber auch in Israel. Und eines Tages bekam Frau Schwiering, die Seniorchefin, einen Brief aus Haifa oder aus Jerusalem. Der Brief war von einer alten Dame, die ihr schrieb, daß sie ihre Kindheit im Ostertorviertel verbracht und sich immer bei Holtorf Babbeler gekauft habe. Frau Schwiering hat daraufhin ein ganzes Päckchen Kindheitserinnerungen nach Haifa (oder Jerusalem) geschickt.

Babbeler besteht im übrigen aus einem ganz speziellen Zucker, aus dem auch Lebkuchen hergestellt werden, aus Wasser, Sirup und Pfefferminz. Farbstoff ist da jedenfalls nicht drin. Und der Name kommt aus dem Plattdeutschen; denn Babbel ist der Mund, auf den ja bei dem Genuß von Babbeler nicht verzichtet werden kann.

Bei Friedrich Germann im Werkstattbüro hängt ein Lied auf den Babbeler. Dietmar Uhlisch sagt, es werde gelegentlich in einer Altentagesstätte in der Vahr gesungen. Darin heißt es unter anderem:

Un wenn ji mool no Bremen kommt
un weet nich hen und her,
goht gau in'n nächsten Laden rin
und holt jo'n Babbeler.
Mit Ba, mit Ba, mit Babbeler
kummst goot dör den Verkehr.

Wo der Plural zum Singular wird und: Was'n in Bremen so trinkt

„Eten un drinken 'höllt Lief un Seel tosamen", heißt es im Plattdeutschen, und der in der deutschen Grammatik beschlagene Leser wird sofort bemerken, daß hier die den zwei Vorgängen, dem Essen und dem Trinken, gemeinsame Eigenschaft, nämlich Leib und Seele zusammenzuhalten, in der dritten Person Singular ausgedrückt wird, nicht aber, wie es korrekt wäre, in der dritten Person Plural.

Dem muß entgegengehalten werden, daß dieses vielzitierte Sprichwort in allen deutschen Dialekten zu Hause ist – und in allen deutschen Dialekten grammatikalisch falsch.

Und hier nun kommt leiser Verdacht auf, daß vielleicht gar keine grammatikalische Fehlleistung im Spiele ist, sondern daß Essen und Trinken im Volke ganz natürlich als eine Einheit empfunden werden beziehungsweise wird. Und dann wäre die dritte Person Singular richtig.

Wir haben uns dieser volkstümlichen Meinung angeschlossen und es infolgedessen auch für überflüssig gehalten, die bremischen Trinkgewohnheiten im Titel des Buches ausdrücklich zu erwähnen. Was'n in Bremen so ißt, das kriegt man schließlich nur in Begleitung eines vernünftigen Getränks runter. Und es ist weithin bekannt, daß die Bremer nicht nur fröhliche Zecher sein können, sondern auch mal gehörig einen über den Durst trinken, was schon die alten Seeleute wußten: „Dör de Kehl geiht veel", sä de Schipper, dunn harr he sien Dreemastbark versapen.

Und eine Kapitänsweisheit lautet: „In'n Snapsglas versuppt mehr als up de hoge See."

Bei der Festlegung der Reihenfolge bremischer Trinkgewohnheiten hatten wir einige Schwierigkeiten. Wir wollten zunächst mit dem ältesten Getränk der Bremer beginnen. Aber weiß man denn, welches das älteste Getränk ist? Schon der Bischof Willehad, der im Jahre 789 gestorben ist, kannte Wein und Met, obwohl er beides mied; denn er war ein Asket. Und ein Vegetarier obendrein.

Und was trinken die Bremer unserer Tage am liebsten?

Wir haben auf diese Frage keine Antwort gesucht. Wir sind zu dem Schluß gekommen, daß es unter den Getränken in Bremen keine Rangordnung gibt. Es gibt sie natürlich doch. Aber wir wollen keinen Streit!

Vom Kornbranntwein – oder: Ein Kapitel, das eigentlich in ein Buch über Apotheken gehört

Wer sich einmal die Mühe macht, in der einschlägigen Literatur nach dem Verhältnis der Bremer zum Schnaps beziehungsweise zum Kornbranntwein zu fahnden, der wird so leicht nicht fündig werden. Beim Kornbranntwein haben sich die Chronisten einer sonst ganz und gar unüblichen Zurückhaltung befleißigt, was freilich zwei Gründe haben kann: Über Schnaps spricht man nicht. Den trinkt man – und zwar heimlich. Oder: Schnaps wird gar nicht als ein kulinarisches Thema betrachtet, sondern als ein medizinisches.

Ältere Bremer pflegen ja – wenn auch augenzwinkernd – darauf hinzuweisen, daß der Genuß von Schnaps für sie eigentlich ein Opfer sei, das sie – wenn auch widerstrebend – ihrer Gesundheit brächten. Aber die Gesundheit gehe nun einmal über alles.

Und sie zählen auf, wofür Schnaps gut ist: Er fördere die Verdauung, beuge einer Erkältung vor, sei ein probates Mittel gegen einen angekränkelten Magen und wärme kalte Füße.

So ist es wohl auch zu erklären, daß sich die alten Bremer schon zum Frühstück ein Glas Kornbranntwein genehmigten. Allerdings – so teilt uns Dr. med. Ph. Heineken aus dem Jahre 1830 mit – „in der Regel beschränkt er sich aber wohl auf ein mäßiges Glas". Ungeschrieben bleibt, was Herr Doktor Heineken unter einem mäßigen Glas versteht.

Einen kleinen Begriff von dem Leistungsvermögen unserer Vorfahren bekommen wir, wenn wir die sogenannten Branntweinschalen betrachten, die im 17. und Anfang des 18. Jahrhunderts zur selbstverständlichen Ausstattung eines ordentlichen Haushaltes gehörten. Aus diesen Schalen wurde der Branntwein, versetzt mit Rosinen, Zucker und Muskat, manchmal auch mit Honigkuchen zu einem Brei verrührt, gelöffelt. In dem sehr anspruchsvoll gemachten Katalog der Ausstellung „Bremer Silber" im Focke-Museum wird eine Eintragung im Rechnungsbuch des Schütting aus dem Jahre 1689 zitiert: „Ehe Kollegium aufs Rathaus gegangen, verunkostet für 2 Pfund Rosinen 14 Grote, für rheinischen Branntwein, Zucker und Muskat 20 Grote". Normalerweise kam die Branntweinschale bei Hochzeiten, Wöchnerinnenbesuchen, Kindtaufen und Beerdigungen auf den Tisch. Der Brauch ist übrigens noch lebendig in Ostfriesland, wo die sogenannte Bohnensopp (Branntwein mit Rosinen) anläßlich von Kindtaufen gereicht wird, und im Ammerland, wo es bei jeder sich bietenden Gelegenheit den Löffeltrunk gibt. Ob es in Bremen – wie heute noch im Ammerland – üblich war, den Löffel mit der linken Hand zu führen, weil die rechte als Arbeitshand auch mal einen Anspruch auf Ruhe hatte, ist nicht überliefert.

Wir wissen allerdings, daß der Sinn des Branntweins auch in der guten alten Zeit schon gründlich mißverstanden worden ist. Das Schnappen des berauschenden Getränkes mit Lippen und Zunge (weswegen es im Plattdeutschen übrigens den Namen Schnaps erhielt) wurde doch wohl häufig genug maßlos übertrieben. So berichtet Dr. Heineken über seine Beobachtungen in Tabaks- und Zigarrenfabriken: „Rohheit und Liederlichkeit sind hier zu Hause, Entwendungen gehören zur Tagesordnung, und das aus den gestohlenen Zigarren gelöste Geld wird zur Befriedigung der Gaumengelüste verwendet, ja, der Sohn befolgt auch wohl das edle Beispiel des Vaters, und legt es in Branntwein an."

Zu jener Zeit und auch früher war es in den sogenannten besseren Kreisen üblich, Branntwein zum Kaffee zu trinken. Und es wird überliefert, daß zwei Handelsherren sich nach einem Besuch bei einem im allgemeinen großzügigen, doch in Fragen alkoholischer Enthaltsamkeit unerbittlichen Geschäftsfreund in der Langenstraße ein bißchen erschüttert zeigten über die Gewohnheiten ihres Gastgebers. Meinte der eine zum anderen: „Im Grunde ist er dscha'n sehr netten Menschen. Aber daß er uns'n Kaffee trocken runterwürgen läßt, das nehm' ich ihm übel."

Wie es kam, daß sich die Bremer vom Weinanbau auf den Weinhandel verlegten

Es wird gern darauf hingewiesen, daß Bremen eine Weinstadt sei. Und in der Tat wird ja in Bremen dem Weine nicht nur mit besonderem Vergnügen zugesprochen. Bremen ist eine bedeutende Weinhandelsstadt. Der Ratskeller gilt als eines der berühmtesten Weinhäuser der Welt. Und schließlich hat es in der Frühzeit der Stadt auch einen Weinbau gegeben.

Der gelehrte Theologe Adam von Bremen berichtet in seinem vor 900 Jahren erschienenen Geschichtsbuch, daß der Erzbischof Adalbert, unter dessen Stab Bremen zu einem „Rom des Nordens" wurde, Gärten und Weinberge auf dürrem Land anpflanzen ließ, womit er fraglos das Land vor den Toren der Stadt Bremen meinte.

Ja, Bremen besaß sogar einen Weinberg, den Paulsberg nämlich, auf dem auch das St.-Pauli-Kloster lag – vor dem heutigen Ostertor.

Es ist nicht überliefert, wie die Bremer Weine geschmeckt haben, wie bekömmlich sie waren. Bekannt aber ist, daß sich dreihundert Jahre später vier Bremer Bürger dazu entschlossen, ein Stück Land am Paulsberg zu kaufen und Weinbau zu betreiben. Der Rat der Stadt bestätigte den Kauf, baute aber eine Klausel in den entsprechenden Vertrag, nach der das Land innerhalb von zehn Jahren zurückgegeben werden müsse, wenn der Wein nicht gerate.

Es besteht Anlaß zu der Vermutung, daß die Bremer Weine gehörig im Halse kratzten und allenfalls als Essig zu verwenden waren. Der Paulsberg wurde im Jahre 1628 abgetragen.

Die Bremer aber beschränkten sich – in weiser Kenntnis ihrer Grenzen – auf den Handel mit Weinen und auf den Konsum. Darin allerdings brachten sie es zu erstaunlichen Leistungen.

Bevorzugt wurden zunächst die Weine vom Rhein, die auf der „Weinstraße" über Frankfurt an die Weser und von dort nach Bremen geschafft wurden. Karl Löbe erzählt in seinem Buch „Weinstadt Bremen" von Schiffern, die unterwegs dem Durst nicht widerstehen konnten und die an Bord befindlichen Weinfässer anzapften. „Diese 'Leckage'", so schreibt Löbe, „wurden dann an zwei klaren Quellen am Flußufer aufgefüllt. Vielleicht hatten das ihre Altvorderen schon immer getan; denn diese Quellen galten als heilig, wohl um sie für diesen Zweck sauberzuhalten".

Schon früh wurde der Weinverkauf in Bremen geregelt, und der Rat der Stadt paßte auf, daß er dabei nicht zu kurz kam. Eine erste Weinordnung aus dem Jahre 1350 bestimmte, daß der Ausschank und der Kleinhandel Sache des Rates sei. Bremische Händler mußten ihre Weine in städtischen Kellern lagern. Und so kam es zur Gründung des Bremer Ratskellers, dem seit dem Jahre 1595 ein Kellerhauptmann vorstand. Er trägt heute den Titel Ratskellermeister.

Beiläufig sei erwähnt, daß der Bremer Ratskeller mit dem Bau des Rathauses in den Jahren 1404 bis 1410 entstanden ist. Sein ältester Teil ist die große Halle mit den riesigen Fässern. Dort zechten schon Wilhelm Hauff und Heinrich Heine, die beide so beeindruckt waren, daß sie dem Keller literarische Denkmale setzten.

Im Ratskeller werden nur deutsche Weine ausgeschenkt. Die Weinkarte mit über 600 Weinen gilt als die größte Versammlung von Weinen aus deutschen Anbaugebieten. Es gibt in der Welt nichts Vergleichbares. Und die Bremer Bürger passen auf, daß dieses auch so bleibt.

Im Jahre 1372 wurden – so berichtet eine Chronik – auf der Reede von Bordeaux 200 hanseatische Schiffe mit Wein befrachtet. Ob Bremer Schiffe darunter waren, ist nicht bekannt. Es wird jedoch vermutet.

Im frühen 17. Jahrhundert – und das ist nachweisbar – wurden die ersten Rotweine aus Bordeaux auf dem Bremer Markt angeboten. Zwischen Weser und Garonne entwickelte sich ein reger Handel. Bereits in der Mitte des Jahrhunderts verließen Bremer Kaufleute ihre Heimatstadt, um sich in Bordeaux niederzulassen. Von dort aus organisierten sie den Weinhandel mit ihren Brüdern, Vettern und Freunden in Bremen. Sie wurden seßhaft und sorgten auf diese Weise dafür, daß noch heute eine enge Verwandtschaft besteht zwischen Bremen und Bordeaux, was seinen Ausdruck darin findet, daß die Bremer – bei aller Liebe auch zu ihren deutschen

Weinen und dem Ratskeller – nichts höher zu schätzen wissen als eine Flasche guten Bordeaux.

Es wird gern behauptet, daß sich die Bordeaux-Weine in bremischen Weinkellern besonders wohlfühlen und es in ihnen zu unübertroffener Reife bringen. Und es heißt, ein napoleonischer General habe erst in Bremen die Weine seiner Heimat richtig schätzen gelernt.

Von seriösen Bremer Weinkaufleuten wird diese Geschichte allerdings ins Reich der Anekdote verwiesen. Sie verhehlen aber nicht, daß sie sie für eine gute Anekdote halten.

Im übrigen ist der Wein natürlich das Getränk der feinen Leute gewesen. So wird zum Beispiel den Bürgern in einer Kleiderordnung aus dem Jahre 1656 vorgeschrieben, was sie auf Hochzeiten trinken durften: „Zum Getränke wird dem Ersten Stande Wein überall, dem zweyten Stande Bier und Wein zugleich, oder Bier allein, nach der Hochzeit Gelegenheit, dem dritten und vierdten Stande aber nur hiesiges Bier zu schencken erlaubt."

Es ist anzunehmen, daß die Angehörigen des dritten und vierten Standes auch gar nicht daran dachten, ihre Gäste mit Wein zu bewirten. Sie hätten ihn gar nicht bezahlen können. Noch im 19. Jahrhundert galt Wein selbst in gehobenen Kreisen als ein Getränk für besondere Gelegenheiten. Normalerweise wurde Bier getrunken. Schon gar nicht aber dachte man daran, einen privaten Weinkeller zu unterhalten. Den, so berichtet uns der Schriftsteller J.G. Kohl, „fand man höchst selten und nur in den vornehmsten und reichsten Häusern".

Es ist auch erforderlich, sich freizumachen von der Vorstellung, daß unsere Altvordern den Wein, wie wir ihn schätzen, naturrein getrunken haben. Er war wohl oft genug ziemlich sauer, weil es in den Weinanbaugebieten noch keine Kellertechnik gab, wie wir sie kennen. Infolgedessen wurde er mit Kaneel und allerlei anderen Gewürzen vermischt und gelegentlich wie Tee aufgekocht.

Nachhaltige Medizin

Der frühere Bremer Bürgermeister Theodor Spitta erzählt in seinen Lebenserinnerungen, daß er im Alter von sechs Jahren von einer schweren Lungenentzündung heimgesucht wurde, die ihn über einige Zeit zwischen Leben und Tod schweben ließ, und als deren Folge sich eine besorgniserregende Herzschwäche bei ihm einstellte. Die Familie Spitta befürchtete das Schlimmste, und ihr Hausarzt, der Dr. Adolf Spitta, zugleich Onkel des Kindes, wußte sich keinen anderen Rat mehr, als der Mutter zu empfehlen, dem immer schwächer werdenden Kinde Champagner zu geben. Vielleicht, so meinte er, rege Champagner das versagende Herz ein bißchen an. Viel Hoffnung hatte er wohl nicht.

Die Mutter folgte dem Rat.

Theodor Spitta ist 95 Jahre alt geworden.

Gute Quelle

Es geschah in einem feinen und wegen seiner besonders guten Küche weithin gerühmten Restaurant im deutschen Südwesten, unweit der französischen Grenze, daß sich ein auf der Durchreise befindlicher Kaufmann aus Bremen mit besonderer Andacht und unter Mißachtung seiner sonst so sehr auf Sparsamkeit begründeten Lebensweise mit dem allergrößten Vergnügen den ihm vorgesetzten Genüssen hingab. Wie es sich für einen ordentlichen Bremer Kaufmann gehört, hatte er sich zum Hauptgang natürlich eine Flasche Bordeaux kommen lassen, einen 72er Château Latour, nicht ohne den Ober bei der Bestellung ausdrücklich auf die unterschiedliche Qualität der 72er Bordeaux-Weine hinzuweisen und darauf, daß er diesen Wein nur akzeptieren werde, wenn er zu den guten Ausnahmen gehöre.

Es war, wie sich gleich beim ersten Schluck herausstellte, ein wirklich erstklassiger Wein, und der Bremer Kaufmann zögerte nicht, dieses in seinem abschließenden Gespräch mit dem Ober zum Ausdruck zu bringen. Dabei ließ er durchblicken, daß es natürlich auch kein Wunder sei, nahe der französischen Grenze an gute französische Weine heranzukommen, und er fragte: „Wo beziehen Sie denn?" Worauf der gut geschulte Ober antwortete: „In Bremen."

Vom rauhen Wind und den Folgen, die Hoppelpoppel und Uhles heißen

Ein rauher Wind, so scheint es, hat in Bremen immer geweht. Wie anders wäre sonst die besondere Vorliebe der Bremer für heiße Getränke zu erklären? Es ist doch eine alte Erfahrung, daß heiße Getränke nicht von der Zunge verlangt werden und schon gar nicht vom Magen. Wohl aber von kalten Füßen und Nasen, die sich davon wohlige Erhitzung versprechen. Was ja im allgemeinen auch eintritt.

Zu den Getränken, die so um 1800 herum in Bremen getrunken wurden, gehören Hoppelpoppel und Uhles, deren Zubereitung uns Betty Gleim hinterlassen hat.

Hoppelpoppel: Man schlägt mit einer Ruthe 1 Eidotter, 1 Eßlöffel gestoßenen Candis, 2 Eßlöffel Rum, und 2 Eßlöffel voll heißes Wasser. Dies wird warm getrunken.

Uhles: 1 Flasche Wein und 1 Flasche Wasser wird zusammen gekocht. Wenn beides kocht, wird Zukker nach Geschmack und 6 Eier dazu gerührt. Darauf nimmt man es vom Feuer und vermischt dieses mit 2 Gläsern Arrack.

Von der ebenso innigen wie leidenschaftslosen Liebe der Bremer zum Bier

„Eigenthümliche städtische Industrie-Producte waren vorzüglich Jahrhunderte hindurch ein treffliches, weit und breit begehrtes Bier", schreibt Adam Storck im Jahre 1822, und er hatte allen Grund, dieses in der Vergangenheitsform auszudrücken; denn tatsächlich waren die Hamburger zu jener Zeit eben dabei, die Bremer zu überflügeln. Später hat Bremen dann wieder aufgeholt und ist bis heute eine der bedeutendsten deutschen Bierexport-Städte geblieben. Bremer Bier wurde zum Beispiel bereits zu einer Zeit auf Hawaii getrunken, als ein Schlager behauptete, es gebe kein Bier auf Hawaii.

Aber es soll hier ja nicht über die wirtschaftliche Bedeutung des Bieres für Bremen philosophiert werden. Vielmehr geht es um das Verhältnis der Bremer zum Bier. Und das war zu allen Zeiten ebenso innig wie leidenschaftslos.

Denn die Bremer kriegen nie – wie die Münchner – immer gleich einen roten Kopf, wenn einer etwas gegen ihr Bier sagt. Sie werden auch nicht spitz, wie die Einbecker, die gern darauf hinzuweisen pflegen, daß die Münchner das Bierbrauen von den Einbeckern gelernt hätten. Und sie fühlen sich auch nicht hintergangen, wie die Goslarer, die sich darüber beklagen, daß die Einbecker bei ihnen abgeguckt haben. Auch haben die Bremer nie einen Krieg des Bieres wegen geführt, wie die Dortmunder. Die Bremer haben sich immer nur darauf beschränkt, ihr Bier zu trinken und zu genießen.

Bis ins 17. Jahrhundert hinein wurde in jedem ordentlich geführten Haushalt Bier gebraut. Und die Bremer verstanden ihr Handwerk immerhin so gut, daß sie mit dem Bier auch Geschäfte machen konnten. Im 13. und 14. Jahrhundert florierte der Bierexport in nie gekanntem Maße, und in den europäischen Hafenstädten – bis nach Gent hin – wurde nichts anderes getrunken als Bier von der Weser. Und damit sind wir bei einem sehr wichtigen Stichwort: Denn die Qualität des Bieres war nicht allein auf die handwerkliche Kunst der Bremer zurückzuführen, sondern auch auf die Güte des Weserwassers.

In Merians im Jahre 1653 erschienenen „Topographia Saxoniae inferioris" wird das Weserwasser als klar und farblos, geruchlos und weich geschildert, und das daraus gebraute Bier wird als so vortrefflich bezeichnet, daß es gar in die Indianischen Länder verschickt werde. In höchsten Tönen wird das Bremer Bier, „so röthlich und weiß", gelobt als lieblich und dauerhaft, der Gesundheit dienend und annehmlich schon deshalb, weil es „kein Wind und Reißen in den Därmen" verursache.

Achtzehn Zeilen, in denen bewiesen wird, daß Bier nicht nur zum Trinken da ist

Bier ist nicht nur zum Trinken da – das jedenfalls war der Standpunkt der alten Bremer, denen das Bier viel zu sehr ans Herz gewachsen war, als daß sie es für ausreichend empfunden hätten, es nur gegen den Durst zu trinken. Sie aßen Bier auch, um ihren Hunger zu stillen.

Wie im alten Bremen Biersuppe gekocht wurde, das hat uns Betty Gleim hinterlassen:

Man setzt Bier aufs Feuer, läßt es aufkochen, und schüttet dann geriebenes Rockenbrot, gestoßene kleine Zwiebäcke und etwas Kümmel hinein. Das Bier muß darauf wieder so lange kochen, bis es seimig genug ist; alsdann giebt man einige Gläser Wein dazu. Wenn man anrichten will, rührt man eine Portion Zucker mit einigen Eydottern zusammen, und gießt dann das kochende Bier darauf. Man kann auch wohl, ehe man die Eyer zu der Suppe giebt, ein Stück Butter hinein werfen.

Irrtum

Jan Seiler und Fidi Böttcher hatten sich zu Beginn des Sechs-Tage-Renens in der Stadthalle fürchterlich einen geballert, und der Zufall wollte es, daß sie sich am letzten Tag dieser mit allen Zeichen eines Volksfestes behafteten Sportveranstaltung wiedertrafen. Aber Fidi Böttcher stand bei dieser Begegnung schon nicht mehr ganz sicher auf den Beinen und guckte auch ein bißchen glasig.

„Mensch, Fidi", rief Jan Seiler, der sich noch immer nicht so richtig von der Strapaze des ersten Renntages erholt hatte, „du büscha schon wieder besoffen."

„Das stimmt überhaupt nicht", protestierte Fidi und schaukelte bedenklich. „Ich war noch gar nich wieder nüchtern."

Ungenießbar

Kapitän Kruse und Kapitän Rehbein, die – natürlich aus reinem Zufall – beide Hinnerk hießen, trafen sich nach Dschahrenden just in dem Augenblick, als Hinnerk Kruse vom Schnoor in die Wüstestätte einbiegen wollte und Hinnerk Rehbein von der Wüstestätte in den Schnoor.

„Mensch, Hinnerk", sagte Kruse. „Da bist du ja."
Und Hinnerk Rehbein nickte und sagte: „Ja, Hinnerk. Und du ja auch. Warst beim letzten Mal ziemlich voll, was? In Singapur."
Diese Bemerkung nun brachte die Speicheldrüsen von Hinnerk Kruse ganz gewaltig in Aktion, weil er sofort und sehr intensiv an Bier denken mußte, und er meinte: „Denn laß uns man nach Becks reingeh'n", was er im übrigen im Hinblick auf die Erinnerung an den Abend in Singapur vor sechs oder sieben Jahren auch ganz passend fand.
Als nun aber die beiden Kapitäne bei Beck's in'n Snoor an der Theke hockten, bestellte sich Kapitän Hinnerk Rehbein ein Mineralwasser, ein Ereignis, das Hinnerk Kruse zunächst mit Fassungslosigkeit quittierte, um dann entsetzt loszupoltern: „Mensch, Hinnerk, laß doch den Quatsch!"
Aber Hinnerk Rehbein schüttelte energisch den Kopf und sagte: „Nee, Hinnerk, das geht nicht. Mein Magen der will nicht mehr so recht. Und der Arzt hat mir Alkohol verboten."
„Da siehst du mal", ließ sich Hinnerk Kruse in seiner Meinung nicht beirren, „was'n von Ärzten so zu halten hat. Nämlich gar nichts. Wasser für'n Magen! Mann, Hinnerk, wir ha'm doch nu unser lebelang mit Wasser zu tun gehabt. Und was mich betrifft, so kuck ich mir das dscha auch gern an. Aber trinken? Nee! Wo ich doch weiß, was da alles so drin ist."

Einleuchtende Erklärung

Von dem früheren Bürgermeister Wilhelm Kaisen weiß man, daß er ein strikter Kaffeetrinker war, den nichts dazu bewegen konnte, freiwillig Tee zu trinken.

So kam es denn, daß er während eines offiziellen Besuches in England in einige Verlegenheit geriet, weil seine Gastgeber überhaupt nicht auf die Idee kamen, daß es Menschen gibt, die Tee nicht mögen.

Wilhelm Kaisen spielte zunächst ja mit, weil er nicht unhöflich erscheinen wollte. Nach ein paar Tagen jedoch entfuhr ihm der Seufzer: „Menschenskind, kann ich hier nicht mal 'ne anständige Tasse Kaffee kriegen?"

Der Stoßseufzer wurde protokollarisch wahrgenommen, und selbstverständlich stand bei der nächsten Teepause eine Tasse Kaffee vor Wilhelm Kaisen, der sie mit sichtbarem Vergnügen zum Munde führte, um sie dann allerdings sofort und ziemlich abrupt auf die Tischplatte zurückzustellen.

Etwas irritiert blickte er in die Runde und meinte dann zu seinen Gastgebern: „Na, nu weiß ich ja, warum ihr Engländer immer nur Tee trinkt!"

Warum man mit einem Bremer nie über die Frage streiten sollte, wie Kaffee zubereitet wird

Zu den törichtsten Fragen eines über die Lebensgewohnheiten der Bremer nicht besonders gut informierten Gastgebers an einen aus Bremen stammenden Gast gehört die, ob er eine Tasse Kaffee kochen solle.

So etwas fragt man einen Bremer nicht. Denn Bremer trinken immer Kaffee. Auf Tee, der im nahen Ostfriesland und auch noch im benachbarten Oldenburg eine nicht unerhebliche Rolle spielt, kann im Notfall verzichtet werden. Auf Kaffee nicht.

Über diese Leidenschaft der Bremer (denn als nichts anderes kann es bezeichnet werden) hat sich schon der Mediziner Heineken vor 150 Jahren ernsthafte Gedanken gemacht. „Am Morgen", so schreibt er, „der in der Regel bei den Meisten eben nicht gar früh anbricht, beginnt das Frühstück mit dem vielbeliebten Kaffee, der selbst dem Aermsten so zum Bedürfniß geworden ist, daß er ihn nicht zu entbehren vermag, und ihm willig die schwersten Opfer bringt, meistens gewürzt mit einem größeren oder geringeren Zusatze von Cichorien, der selbst manchmal, insbesondere bei hohen Preisen dieses Colonial-Produktes, den Hauptbestandtteil desselben ausmacht, und durch seine erhitzenden Eigenschaften gewiß nicht ohne Nachteil ist, insbesondere wenn auch die Kinder, ja selbst Säuglinge an seinem Genusse Theil nehmen."

Natürlich gab es zu jener Zeit nicht nur morgens Kaffee. Auch nachmittags versammelte sich die Familie am Kaffeetisch. Und so manches Tässchen wird zwischendurch getrunken worden sein. Nicht von ungefähr gab es eine Menge Kaffee-Schenken in der Stadt.

Es besteht übrigens Anlaß zu der jedes lokalpatriotische Herz höher schlagen lassenden Vermutung, daß sich das erste Kaffeehaus auf deutschem Boden in Bremen befunden hat. Historisch belegbar ist das nicht. Da müssen die Bremer in stillem Gram den Hamburgern den Vortritt lassen. Immerhin war es aber ein Bremer Buchhändler namens Saurmann, der im Jahre 1696 eine Rechtfertigungsschrift verlegte unter dem Titel: „Clar Entdeckte Unschuld Der jüngsthin von jemand unbillig angeklageter Thee- und Coffee-Getränke".

Jedenfalls wird es im Jahre 1701, als die Berliner zum Beispiel noch zwanzig Jahre auf ihr erstes Kaffeehaus warten mußten, in Bremen schon mehrere Kaffeehäuser gegeben haben. Denn in jenem Jahr proklamierte der Rat der Stadt eine Verordnung gegen Glücksspiele und andere Ungebührlichkeiten junger Leute in den Thee- und Coffé-Häusern. Und bereits im Jahre 1710 traktierte der Rats- und Kaufherr Albrecht Loening von ihm besonders geschätzte Gäste mit Kaffee, der aus einer silbernen Kanne ausgeschenkt wurde.

Unbestreitbar ist, daß der Kaffee beim Bau der weltberühmten Bremer Böttcherstraße eine ganz wichtige Rolle gespielt hat. Immerhin ist der Bau initiiert und bezahlt worden von Ludwig Roselius, der als Kaffeekaufmann und Erfinder des koffeinfreien Kaffees die dafür erforderlichen finanziellen Mittel bereitstellen konnte. Etwas waghalsiger freilich ist schon die Behauptung, der Verkauf der alten und abbruchreifen Böttcherstraße an den Kaffeekaufmann Roselius sei nur durch dessen Liebe zu einer guten Tasse Kaffee zustandegekommen.

Ganz abwegig ist das nicht. Denn als Roselius eines Tages von seinem Büro in der Martinistraße zum Marktplatz eilte, wurde er am Haus Nr. 6 in der Böttcherstraße von einem ältlichen Fräulein angesprochen, das ihn zu einer Tasse Kaffee ins Haus bat. Und Roselius konnte dieser Bitte nicht widerstehen. Er traf in dem Haus auf die beiden Damen Pennmeyer, die dringend verkaufen wollten, weil sie sich nach ländlicher Umgebung sehnten. Doch verkaufen wollten sie ihr Elternhaus nur an ihn, an den Herrn Roselius. Und so nahmen die Dinge ihren Lauf.

Bemerkenswerterweise spielte der Kaffee aber noch eine weitere Rolle in diesem Böttcherstraßen-Stück. Denn die beiden Damen Pennmeyer wollten ihr Haus nicht nur deswegen loswerden, weil sie sich aufs Land zurückzuziehen wünschten. Da war noch etwas anderes. Es war ihnen seit Jahr und Tag zur Gewohnheit geworden, der Zeitungsfrau von den Bremer Nachrichten jeden Morgen um sechs eine Tasse Kaffee zu kochen, weil „die Frau doch nicht den ganzen Morgen mit'n leeren Magen rumlaufen konnte". Diese morgendliche Pflicht wurde den beiden alten Damen aber langsam lästig.

Sensible Leser werden daran ohne weiteres erkennen, daß der Kaffee in Bremen nicht als Genußmittel betrachtet wird, sondern als Notwendigkeit. Nichts kann einen Bremer mehr irritieren, als wenn ihm bei einem privaten Besuch oder bei einer geschäftlichen Besprechung kein Kaffee angeboten wird. Ein Essen – und war es noch so gut – hat für einen Bremer überhaupt nicht stattgefunden, wenn nicht als krönender Abschluß eine anständige Tasse Kaffee gereicht wird.

Das Urteil darüber, ob eine Tasse Kaffee anständig ist oder nicht, behält sich jeder Bremer vor. Selten, daß er in Begeisterung ausbricht. Denn selbstverständlich ist jeder Bremer felsenfest davon überzeugt, daß es nur einen einzigen Menschen auf der Welt gibt, der einen richtigen Kaffee kochen kann. Und das ist er.

Quellenverzeichnis

Davidis, Henriette: Praktisches Kochbuch, 35. Auflage, 1896, Verlag von Velhagen & Klasing, Bielefeld und Berlin
essen & trinken: Unvergessene Küche, Gruner & Jahr, Hamburg, 1979
Gleim, Betty: Bremisches Koch- und Wirtschaftsbuch, 1808, Faksimile-Ausgabe 1975, Verlag Heinrich Döll & Co., Bremen
Gutmann, Hermann: Essen und Trinken, Südliche Nordsee, Land im Nordwesten, Herausgeber: Fremdenverkehrsverband Nordsee-Niedersachsen-Bremen- e. V., Oldenburg
Gutmann, Hermann: Labskaus, Zeitschrift essen & trinken, 1/77
Gutmann, Hermann: Hede Weggen nicht nur zur Fastnachtszeit, Blätter vom Wall, 4/78
Gutmann, Hermann: Das Roselius-Haus in der Böttcherstraße in Bremen, 1981, Herausgeber Böttcherstraßen GmbH
Gutmann, Marie Louise: Mein Butterkuchen, Blätter vom Wall, 1/82
Heineken, Ph.: Die freie Hansestadt Bremen und ihr Gebiet, 1830, Verlag von A. D. Geisler, Bremen
Kloos, Werner: Bremer Lexikon, 2. Auflage, 1980, Verlag H. M. Hauschild, Bremen
Kloos, Werner: Gut Bremisch Essen und Trinken, 1966, Carl Schünemann, Bremen
Kohl, J. G.: Alte und neue Zeit, 1871, C. Ed. Müller, Bremen
Kohl, J. G.: Nordwestdeutsche Skizzen, 1. Teil, 1864, J. Kühtmann's Buchhandlung, Bremen
Kohl, J. G.: Nordwestdeutsche Skizzen, 2. Teil, 2. Auflage, 1909, Niedersachsen-Verlag Carl Schünemann, Bremen
Lindow, Wolfgang, und Schuppenhauer, Claus: Plattdütsche Snäcke, 1978, Carl Schünemann Verlag
Löbe, Karl: Weinstadt Bremen, Heinrich Döll Verlag, 1981
Löhr, Alfred: Bremer Silber, Handbuch und Katalog zur Sonderausstellung im Bremer Landesmuseum (Focke-Museum)
Meyer, Hanns: Gastliches Bremen, 1959, Verlag H. M. Hauschild, Bremen
Müller, Hartmut: Joh. Eggers Sohn & Co., 1773 bis 1973
Ohl, Alfred: Die Wasserversorgung der Freien Hansestadt Bremen, 1973, Stadtwerke Bremen AG
Rehm, Arnold: Labskaus und so . . ., 1973, Herausgeber: Hapag-Lloyd Reisebüro GmbH, Bremen
Rühmer, Karl: Fische und Nutztiere des Meeres, 1954, Fischereiverlag Dr. Ing. Karl Rühmer, Ebenhausen bei München
Schwarzwälder, Herbert: Berühmte Bremer, 1972, Paul List Verlag, München
Schwarzwälder, Herbert: Geschichte der Freien Hansestadt Bremen, Band I und II, 1975, Verlag Friedrich Röver, Bremen
Schwebel, Karl H.: Haus Seefahrt, 1947
Segnitz, A. & H.: Kollegbuch des Weines, Ausgabe 1981/82
Spitta, Theodor: Aus meinem Leben, 1969, Süddeutscher Verlag, München
Storck, Adam: Ansichten der Freien Hansestadt Bremen und ihrer Umgebung, 1822, Verlag von Friedrich Wilmans, Frankfurt/Main
Straub, Maria Elisabeth: Grönen Aal und Rode Grütt, 1971, LN-Verlag, Lübeck
Uhde, Reinhard: Kaisen-Anekdoten, 1978, Verlag H. M. Hauschild, Bremen
Zwerg, Martha: Kochbuch für Haushaltungs- und Frauenschulen, 1940, Mathilde Zimmer-Haus-Verlag, Berlin-Zehlendorf